中国节

中秋

文字·苏 槿
插画·萧三闲

五洲传播出版社

图书在版编目（CIP）数据

中秋 / 苏槿，萧三闲著 . -- 2 版 . -- 北京：五洲传播出版社，2024.6

ISBN 978-7-5085-5159-3

Ⅰ . ①中… Ⅱ . ①苏… ②萧… Ⅲ . ①节日 - 风俗习惯 - 中国 Ⅳ . ① K892.1

中国国家版本馆 CIP 数据核字 (2024) 第 063756 号

中秋

文　　字	苏　槿
插　　画	萧三闲
出 版 人	关　宏
责任编辑	梁　媛
装帧设计	红方众文　张芳芳　朱丽娜
出版发行	五洲传播出版社
地　　址	北京市海淀区北三环中路 31 号生产力大楼 B 座 6 层
邮　　编	100088
发行电话	010-82005927，010-82007837
网　　址	http://www.cicc.org.cn，http://www.thatsbooks.com
印　　刷	北京市房山腾龙印刷厂
版　　次	2024 年 6 月第 2 版第 1 次印刷
开　　本	787mm×1092mm　1/32
印　　张	5
字　　数	160 千
定　　价	49.80 元

序

一岁一中秋，月圆人无忧

花好月圆日，一年中秋至。

如果说春节在中国人心中意味着"团圆""热闹"，那么中秋，就是"圆满""温馨"的代名词。八月十五是中秋，这个时候，中国大地大部分地方渐渐退去暑热，南方的一些城市，满城桂花飘香。很多时候，中秋节还和国庆长假前后脚甚至重合，人们纷纷走出家门，去远方拥抱浪漫的秋色。如果恰巧来到江南，那你一定有口福了！一碗糯米粉团滚成的汤圆，撒上金色的桂花，一口咬下去，唇齿留香。除此，还有肥美的盐水鸭、鲜香的鲈鱼烩、滋味无穷的蟹宴……此时的北方，一轮圆月升起在长城上，皎洁的月光落在西安古城墙头，在广漠的草原上，年轻人感受着"风和我都是自由的"！

这就是我们的节日——中秋。

生活，不止有眼前的苟且，更有诗和远方。春天耕耘，秋来收获。低头是生计，仰头是生活。不管过去、现在还是未来，中秋的圆月，恰恰在提醒我们，是时候停下来，歇歇脚，用心感受生活的美好！

现代人嘴里唱着"月亮代表我的心"，可是在唐代以前，中国古人还不敢把月亮当朋友。月亮，从高高的神坛上走下来，到成为中国人心中"圆满"的象征，这条路很漫长。

很久很久以前，天地日月都是高高在上的神明，祭祀的主角必须是帝王，而天人沟通，也一度是皇家特权。春分祭日、秋分祭月，可是老百姓不敢染指的高级"追星"活动。

后来，日神、月神不再神秘，皇室以外的贵族、士大夫，乃至寻常百姓逐渐参与到这场"追星"活动中来。为了让活动更具娱乐性，人们还通过神话传说把凡人送上了月亮，以方便人月沟通，也让月亮更好地代表"我的心"。被送上去的，一个是"家庭主妇"嫦娥，专门负责解决女人们关心的问题；一个是玉兔，让嫦娥仙子不至于太寂寞；还有一个是因为修仙想走捷径而被惩罚的吴刚，用以警示世人：世上并无捷径可走。月亮经过这样的设定修改，变得更接地气，也更富娱乐气质了。这才有了越来越好玩的赏月活动。

与此同时，对于农耕社会的人们来说，秋分时节正好是秋收结束，值得为丰收庆祝欢呼的时机。人们吃吃喝喝、载歌载舞的同时，也不忘祭拜一番土地神，答谢神明保佑，祈祷来年风调雨顺。这样热闹的场景，在《诗经》中就已经能够找到。《周颂·丰年》中就有"丰年多黍多稌，亦有高廪，万亿及秭。为酒为醴，烝畀祖妣。以洽百礼，降福孔皆"。的诗句。

秋分祭月与庆祝秋收，虽然看起来一个是"阳春白雪"，一个是"下里巴人"，但随着历史发展，最终产生了交集，其中最重要的因素，就是秋分这个时间节点。秋分前后一定有一天满月，这一天就是农历八月十五。随着全民"追星"赏月风俗流行，玩月、赏月的城里人和庆祝丰收的乡下人，趁着秋高气爽，终于走到了一起，来到八月十五的圆月下，就着满满一地月光，吃饼喝酒、吟诗作赋、唱歌跳舞，中秋节从此成为中国唯一以月为主题的"嘉年华"。

民间拜月、祭月不复帝王祭月那样庄严盛大，月神的概念和内涵也在不停演化，人们所祈愿的都与日常生活密切相关，如求子、求美貌乃至求长生等等。起初，民间玩月、赏月也是私人化的文化娱乐活动，以月为媒，吟诗作画，寄托自己的情感和思想。渐渐地，月亮的阴晴圆缺，才渐渐与人的悲欢离合关联起来，月亮的圆满，最终成为人间团圆的象征。

"大团圆的结局、大团圆的意向、大团圆的人生理想，是中国文化的情结……月亮圆通的形与光,直通圆通的佛性。具有圆满之美的禅是众生之本性、生命之灵光,是生命的自由境界,是审美的最高境界。"作家冯骥才在《我们的节日:中秋》中这样写道。

正因为圆满的月亮,与人间情感生活有了这样密不可分的联系,我们的诗人才会发出"月是故乡明"的感慨。其实,作为离人类和地球最近的天体,哪里没有这样的明月呢?所谓"海上升明月,天涯共此时"。但是人们见到一轮满月时,还是会更期盼月圆人也圆,会倍加思念亲人。

满则损,盈则亏。这一轮满月,既是上一轮回的圆满结局,也是下一轮回阴晴圆缺的开始。人间的悲欢离合,与许多事物,莫不这样经历着无常,经历着轮回。所以大家还需珍惜当下,珍爱身边人,及时享受人生与家庭的快乐。不过,人生的悲欢离合就像月亮的阴晴圆缺,在所难免,与其执着,不如淡然面对。

什么是圆满?月亮并非生而圆满,更不可能时时圆满。人生的经历,事业的发展,不也同样如此?所谓的圆满,可以是一种自洽的状态:是秋收过后的院子里的一地月光;是呼朋唤友,举一盏桂花酒相谈甚欢;是难得的假期,去一个"有风的地方"……

一岁一中秋，月圆人无忧。中秋之美，美在普通人眼里，美在诗人笔下，美在画家纸面，是静逸而深情的，是多思而美好的，不似别的节日那样热闹，却远比其他节日更具特殊的人文气质。

目录

序
一岁一中秋，月圆人无忧_003

第一章
中秋节的前世今生_011

月亮可不只是月亮_014
逐本溯源中秋节_018
从"中秋"到"中秋节"_023
中秋的民俗乡情_033

第二章
中秋节的花式打开方式_041

祭月、拜月，一个都不能少_044
赏月、玩月，中秋节的高潮在此_053
月亮代表我的心_065
中秋少不得兔儿爷_069
玩灯放灯灯映月_076
烧塔：塔有多红，日子就有多红火_081

舞火龙：当时尚香港遇上传统佳节 _ 085
九子斗蟋蟀，多子又多福 _ 089
钱塘江畔观秋潮 _ 093

第三章
中秋的味道 _ 099

月饼是怎样"长"成的 _ 102
且饮一杯桂花酒 _ 110
吃过螃蟹，百样无味 _ 115
挖藕采菱中秋忙 _ 120
秋高鸭肥好吃鸭 _ 126
两广人家吃田螺 _ 129
吃芋头，有"余头" _ 133

第四章
中秋节的诗情画意 _ 137

诗词里的中秋 _ 140
画里的中秋 _ 146
名家写中秋 _ 153

第一章 中秋节的前世今生

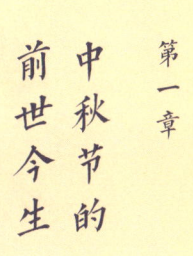

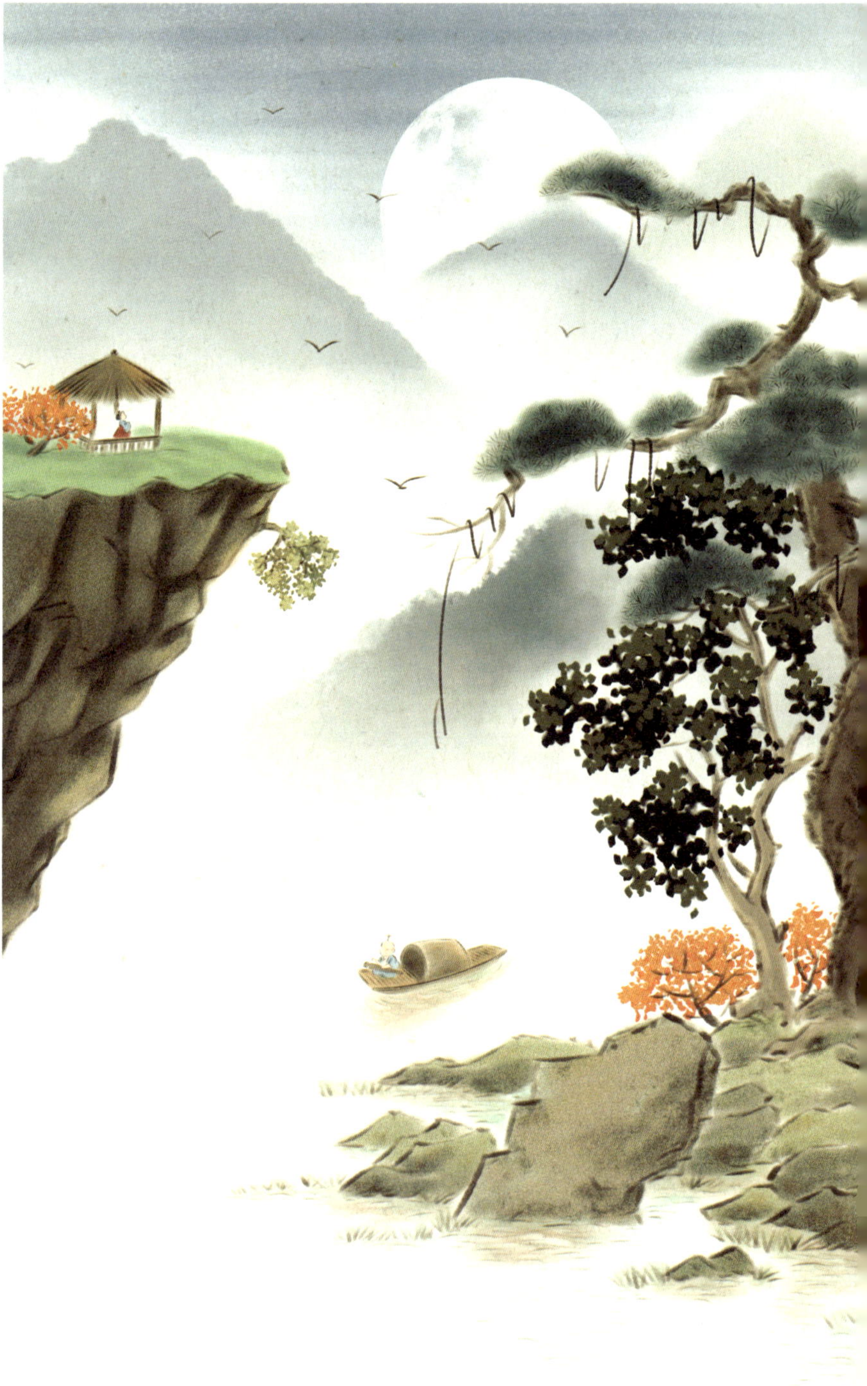

作为重要性仅次于春节的中国传统节日，中秋节在历史上有多种叫法，如"仲秋节""团圆节""八月节"等等。中秋节是我国汉族群众和大部分少数民族群众共同的节日，影响遍及朝鲜、日本、越南等周边邻国。

中秋节的历史，最早可追溯到古代帝王春祭日、秋祭月的礼制。尽管《唐书·太宗本纪》中就有"八月十五中秋节"的记载，但直到宋代，中秋节才正式成为一个全民性节日，宴饮游乐、家人团圆的主题也渐渐形成。

那么，从帝王专享的"秋祭月"古老礼制到全民热爱的中秋佳节，从高高在上的月神到人人争相玩赏的中秋月，到底经历了些什么？

月亮可不只是月亮

说起月亮,我们往往脱口便能吟诵出不少古诗句:

"人生得意须尽欢,莫使金樽空对月。"
"举头望明月,低头思故乡。"
"春花秋月何时了,往事知多少?"
"江畔何人初见月?江月何年初照人?"
"海上生明月,天涯共此时。"
"明月几时有,把酒问青天。"
"人生如梦,一尊还酹江月。"
……

的确,中国人对月亮有种特殊的情感,文人们更是将月亮作为寄情的对象,付诸浓墨深情,娓娓倾诉。

月亮是神秘的、变幻莫测的,月亮也是柔美的、浪漫的,月亮给予中国古人极大的想象空间,所以,月亮之上有仙子嫦娥，有琼楼玉宇。中国古人之所以偏爱与月亮产生"纠葛"，更重要的缘由正如宋代文豪苏轼所言："人有悲欢离合，月有阴晴圆缺。"

住在月宫里的人

与月亮有关的神话故事中，最著名的就是嫦娥奔月了。后人管嫦娥叫"仙子"，因为她一直住在天上的月宫里。嫦娥仙子善良、美丽、温柔，是个让天蓬元帅即使被贬落凡间变成猪八戒也仍然念念不忘的仙女。传说，嫦娥是远古神射手后羿之妻，在后羿射下9个太阳之后，西王母赐他不老仙药，后羿却舍不得吃，交给妻子嫦娥保管。有一日，后羿的门徒逄蒙上门索要仙药，嫦娥情急之下吞下仙药，结果身体变得轻飘飘的，向天上飞去。那一日正好是农历八月十五，月亮又大又亮，嫦娥飞了好久，一直飞到月亮上才停下来。待后羿回家发现妻子不见了，抬头一望，嫦娥正在遥远的月亮上巴巴望着自己。两人相望无语泪先流。而后的每年八月十五，后羿便在家中庭院设宴望月，于是人们也纷纷效仿，祈盼恩爱夫妻能够团聚。我国首颗绕月人造卫星就是以嫦娥命名的。2007年10月24日18时05分，"嫦娥一号"卫星在西昌卫星发射中心发射升空。

在中国古代的传说中，遥远的月宫里除了仙子嫦娥，还有一只拿着玉杵，跪地捣药的玉兔。玉兔为什么会出现在月宫中？

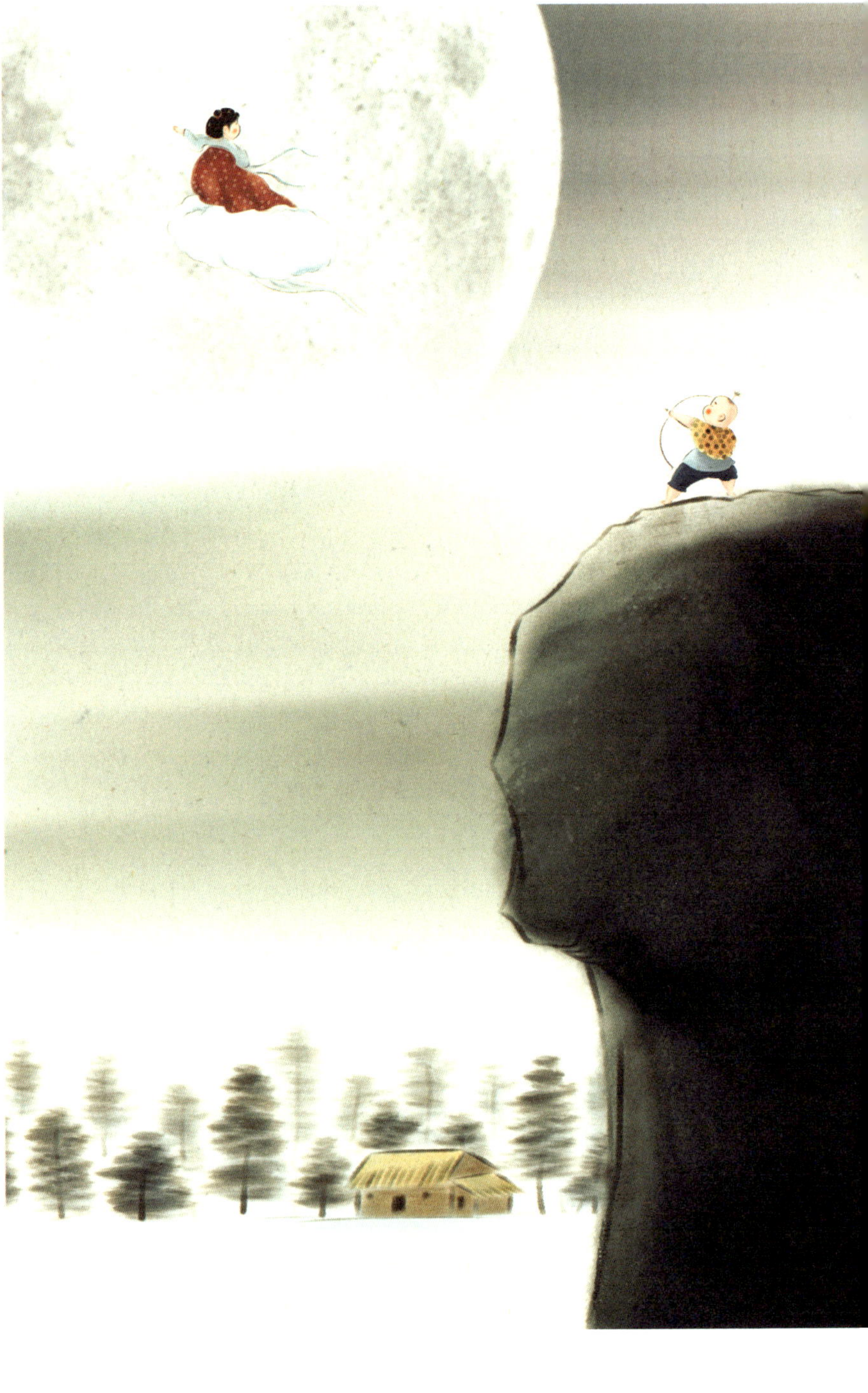

说法莫衷一是。总之，它是嫦娥的宠物，与她形影不离。

当我们望向明月的时候，会看到月亮上有一团黑影。在中国的另一则神话传说中，那团黑影是砍树人吴刚。吴刚本是一介凡夫，因对修仙十分着迷，于是到深山中请教仙人，学习仙术。但是吴刚学习并不用心，这让仙人很是恼怒，于是，命他待在月亮上砍伐桂树，并且告诉他，只要砍倒了桂树，就能修仙成功。吴刚一想，这还不容易，兴高采烈地飞到月宫开始砍树。只是月宫里的桂树不是凡品，拥有超强愈合能力，吴刚一刀砍下去，刀痕立刻就消逝了。日复一日，年复一年，吴刚一直在砍树，桂树一直不是原来的样子。吴刚的修仙之路遥遥无期。

嫦娥、玉兔、吴刚的故事为月亮增添了神秘的色彩，也为后来的中秋节平添了更多谈资，让这个节日更加美丽动人。

关于月亮的神话故事也好，诗词歌赋也罢，古人对月亮的描摹，不仅出于对月亮的好奇，更是出于对月亮的崇拜以及对拟人化月神的崇拜。深究其原因，除了古人对自然美的崇拜之外，更有人们关乎"团圆""不死"的向往与期盼。月有阴晴圆缺，正好寓意人的悲欢离合。月亮一轮轮地圆了，地上的人们也期待着和家人朋友团聚、团圆。于是，月亮便不再只是月亮，更是一种希望和护佑。

逐本溯源中秋节

追溯中秋节的起源,离不开"祭月说"和"秋报说"。前者是古代帝王专享的特权,通过祭祀日月,沟通天人,表明正统;后者是自农耕社会以来就有的秋季丰收庆祝活动,主要参与者是广大劳动人民。

随着时代的发展和社会的进步,帝王祭月特权逐渐破除,拜月成为民间信仰活动,并渐渐成为中秋节的主题活动之一,庆祝秋收的活动则一直持续,成为全民参与的中秋节游乐活动主题。

祭月说

现代人时时刻刻把"月亮代表我的心"挂在嘴边,甚至戏言"代表月亮消灭你",古人未必敢这么想。先民们对月亮不仅是好奇,更多的是崇拜,甚至民间有不允许孩子用手直指月亮的习俗。因为敬月,所以要祭月,这便成为中秋节的缘由之一。

祭月

祭月的历史由来已久，可以追溯到上古时期。那个时候，黑暗是无边且令人恐惧的，月亮是黑暗中唯一的光亮，带给人们莫大的安慰和安全感。后来，古人在和月亮相伴的岁月里，总结出了月与气象的关系，比如"月晕而风""月亮撑红伞，必有大雨"……这些谚语对于农业生产和人们的生活具有重要

仿壁画上的
西王母像

的指导意义。

春秋时期，祭月作为帝王祭祀活动，已经上升为一种国家礼仪。《礼记》中有载："天子春朝日，秋夕月。"意思是说，天子要在春分日祭祀太阳，秋分日祭祀月亮。这也是古代帝王颇为看重的"春秋二祭"。据说，天子祭祀太阳是在东门，而祭祀月亮在西门。因为古人认为，日出东方，故而在东门祭祀太阳；月升西方，所以在西门祭祀月亮。不仅选址很是讲究，春秋二祭作为一项国家礼仪，严谨、严肃且庄重，过程极尽烦琐，所用祭品之类也是十分考究。这样一项严肃高端的祭祀仪式，如果祭拜的是民间传说中的嫦娥仙子，就未免显得有些随意了。因此，周代的帝王祭月，是奉西王母娘娘为月神的。

西王母是谁？《穆天子传考证》曰："西王母者，古迦勒底国之月神也。"肯定了西王母的月神身份。在中国古代神话中，西王母和东王公是一对恩爱夫妻，东王公作为太阳神出现，而西王母作为月神出现。这样的国家祭祀，一直延续到秦汉时期。

秋祭的时间选在秋分，因为自秋分起夜长昼短，既然黑夜漫长，定要求得月神庇佑，保全平安。作为二十四节气之一的秋分，《春秋繁露·阴阳出入上下篇》这样给出了定义："秋分者，阴阳相半也，故昼夜均而寒暑平。"秋分正值仲秋，桂飘香，风清凉，天地平和之时。从一开始，祭月之礼就选定在"秋分"这一天。历朝历代，作为一项国家典仪，虽然规模不一，但春秋二分一直是天子祭日月最首要的日期选择。及至后代，祭月之礼由皇室传至民间，从庄严的皇家祭神行为延生成大众化的民俗活动，民间祭月的日子，便从不太固定的秋分日改为离秋分最近的满月日——中秋。与此同时，祭月又衍生出玩月、赏月的风俗，这样的仪式便不再是拘谨的、刻板的，而是好玩的、热闹的了，严肃的祭祀变成了轻松的娱乐。

秋报说

"春种一粒粟，秋收万颗子。"进入秋天，特别是进入仲秋之后，秋高气爽、碧空万里，大地上也是一派丰收的场景。人们欢天喜地，庆祝秋之丰收。

中秋节的另一则起源，跟农业生产息息相关。自周代而始的"秋分祭月""中秋夜迎寒"，一来是为了表达一种敬月之情，二来是为了祈求风调雨顺，五谷丰登。

上天仁义，赐天地和顺；大地厚德，泽被万物。古人既崇拜天，亦敬畏地。每当春播之时，人们会祭祀土地神，祈求播种顺利；每到收成的时候，也会祭祀土地神，答谢神仙庇佑，五谷丰登。答谢的日子一定是在收获的秋天，而且是在粮食丰收的仲秋之际，也就是农历八月中旬。正所谓春天有春祈，秋天有秋报，周而复始，年复一年。

答谢神祇护佑的一系列秋报活动相沿成习，渐渐固定在仲秋的十五日。春祈秋报，既是答谢神灵，也是答谢自己从春耕到秋收的辛勤付出。

从2018年起，每年秋分被设立为我国的"中国农民丰收节"，这既是新时代的秋收庆祝活动，也可以看作是传统庆祝丰收活动的延续和新生。

从"中秋"到"中秋节"

"中秋"一词最早出现在《周礼》中。但那个时候,"中秋"并不是指节日,只代表时序,农历八月十五是秋天的中旬,故称"中秋"或者"仲秋"。每到此时,帝王要对月祭拜。

从祭月到中秋节确立,还有很长一段路要走。

唐之前的帝王"祭月"

秦汉时期,祭月依然是作为国家礼仪出现的。正因为是皇家祀典,普通老百姓的声音被"屏蔽"了,也没有"现场直播",所以对于那个时候的人来说,祭月大典是高深莫测的。那时的月对于人们来说,是"不敢高声语,恐惊天上人"。对古人来说,王权通神权。日月这样的天地大神,只有皇家才享有与之沟通的权利,这是至高无上的王权体现,亦是至高无上的神权体现。在老百姓眼里,日、月太不可捉摸,无法接近它,更无法跟日、月对话。所以,像祭日、祭月这样的大事,全仰仗皇家气派,方才显得不失礼。自周到秦汉,"祭月"一直是秋分、中秋期间唯一的节目,直到魏晋时期。

《晋书》记载:"谕尚书镇牛渚,中秋夕与左右微服泛江。"说的是谕尚书在镇守牛渚的时候,中秋之夜与身边人便装泛舟于江上。虽然没有明说是去赏月,但中秋之夜月正圆,泛舟于江上,除了赏月听风,还图个什么呢?这在当时虽只能算"潮人"谕尚书极其小众的中秋玩法,对中秋民俗化的发展来说,却起到了一定的引领作用。

唐代:赏月、玩月颇为盛行

隋唐以后,人们看月亮少了一层朦胧,多了一分理性。月亮开始慢慢走下神坛,皇家对祭祀日月神的权威控制大大降低,普通老百姓也开始"谈笑风月"了。

尤其是进入唐代,万象更新,街市繁荣,唐人更是浪漫自由,到了八月十五,虽没有正式确立中秋节日,却正儿八经地过起了"中秋"。并且,"中秋"还有了另外一个雅号:端正月。

唐人不仅如谕尚书一般泛舟于湖上、江上,流行起赏月、玩月的风尚,文人雅士更是自成风流,相关记述在唐诗中随处可见。比如,白居易就曾作一首《华阳观中八月十五日夜招友玩月》:"人道秋中明月好,欲邀同赏意如何?华阳洞里秋坛上,今夜清光此处多。"刘禹锡在《八月十五日夜玩月》中也写道:

谕尚书中秋夕微服泛江

"天将今夜月，一遍洗寰瀛。暑退九霄净，秋澄万景清。"张祜作《中秋月》感叹："碧落桂含姿，清秋是素期。一年逢好夜，万里见明时。"看吧，他们都在极尽赞美中秋的月，清朗皎洁，秋景如斯美好。

中秋节为何非要选在八月十五？也许是因为古代的祭月、

秋报之俗，也有可能是因为嫦娥八月十五奔月的传说，总之中秋日最终锁定在八月十五应该是在唐人赏月、玩月的风尚中确立的。唐代文学家欧阳詹就在《长安玩月诗序》中认定，八月十五"稽于天道，则寒暑均；取于月数，则蟾兔圆"。僧人栖白肯定也认同八月十五是赏月、玩月的最佳时机，否则他不会说"寻常三五夜，不是不婵娟。及至中秋满，还胜别夜圆"。八月十五，风清、花好、月圆，做这般风雅事自然是绝佳的。

除了赏月之圆满，文人雅士也将赏月与思乡之情联系起来。"露从今夜白，月是故乡明""海上生明月，天涯共此时"……月有阴晴圆缺，诗人多愁善感，便由月及人，赋予了月亮思念、团圆的意象。如果说赏月在唐代还是一股流行于贵族、士人中的小众风雅之趣，那么，将赏月与思乡、团圆之情连接，便为日后中秋节上升为民俗大节增添了"筹码"。

至于玩月，不得不提一提玩月派的大玩家——唐玄宗李隆基。在唐代，中秋虽然还不是官方假日，但每逢中秋，宫廷总会设宴，而流传千古的《霓裳羽衣曲》据说就是杨贵妃在中秋宴会上首演的。《霓裳羽衣曲》相传为唐玄宗所作。《太平广记》记载说，开元年间某年的八月十五夜，玄宗在宫中玩月，被一名叫作罗公远的异人接引至月宫，得见仙子数百，素练霓衣，舞于广庭。玄宗音乐造诣极高，他记下声谱，回宫后依声调作出《霓裳羽衣曲》。只是《霓裳羽衣曲》不一定真是在中秋宫宴上一曲扬名的。八月初五是玄宗的生辰，是举国同乐的"千秋

玄宗作《霓裳羽衣曲》

节",在这一天玄宗要亲赏官员"千秋镜",其中有一种刻画有桂树、嫦娥、玉兔、蟾蜍等月宫神话元素的"月宫镜"最为出名。唐玄宗笃信道家,道家所追求的羽化登仙、长生不老和月宫里的神话元素正好相呼应,于是作为玄宗生辰的"千秋节"与中秋日也紧密联系在了一起。玄宗驾崩后,千秋节式微,中秋的意义更加凸显。于是,坊间关于玄宗玩月、欢宴的传闻便在"千秋""中秋"之间渐渐模糊,有关于两者的民俗记忆也相互勾连。最后流传出《霓裳羽衣曲》作于中秋之夜,而玄宗生辰亦被世人传至中秋之说。

还有一则故事不得不提,就是关乎玄宗要建"望月台"的传说。每逢八月十五夜,玄宗要携杨贵妃去太液池旁凭栏望月,却发现太液池旁竟然没有一处拥有极佳赏月的视野,玄宗很是失望,便下令要在此修建百尺高台,方便赏月。但没过多久,安史之乱爆发,唐玄宗与杨贵妃天人永隔,高台只修筑了一个地基便戛然而止,留下无限遗恨与唏嘘。

无论如何,唐代的中秋日虽然还没有正式成为节日,但实际上已经形成了以赏月、玩月为主题的中秋节俗,并且在贵族、文士之间流传开来。

宋代:"中秋节"正式登场

中秋节从唐代就开始流行了,到了宋代,就已经成为一个正儿八经的官方节日。虽然只有短短一天,却具有划时代的意义。自宋起,中秋节彻底从皇家走入寻常百姓家,掀起了一场仲秋时节的市井狂欢。

北宋商市繁荣,大节小节之前,东京城头便能提前感知节日的气氛。元旦如此、端午如此、七夕如此,中秋亦如此。樊楼的新酒供不应求,新鲜上市的石榴、葡萄、柑橘被板车推上街市,叫卖声此起彼伏。人们尝过了新鲜头,又去樊楼讨口酒喝,要一碟子时鲜蜜饯吃。直到月上勾栏,人们围在一起品月、赏月、谈月,谈诗论赋,兼有雅乐曼舞,宋代的"玩月"何等风流,何等快活!

宋代孟元老的《东京梦华录》将这样的情景记录下来:"中

秋夕，贵家结饰台榭，民家争占酒楼，玩月笙歌，远闻千里，嬉戏连坐至晓，里巷儿童通宵玩耍，夜市人马杂沓，至于天明。"看来，中秋日人们通宵达旦，玩月笙歌。无论贵家、平民都会选最佳位置观赏秋月，和如今的网红打卡地并无二致，这也可见，中秋赏月在东京城的兴盛。

南宋临安城的中秋夜更是热闹无比。这一日取消了宵禁，夜市通宵达旦，王孙贵族、富家公子小姐纷纷登楼揽月，酌酒高歌，更有人会预定限量版座位，夜观钱塘大潮。财力略次一点的人家则会登上月台，安排家宴，阖家团圆。市井平民虽无富余财力铺张置办，却也要"勉强迎欢，不肯虚度"（宋·吴自牧《梦粱录》）。

《梦粱录》里还提到，中秋夜因为月色比平时更明亮，又称为"月夕"。而自南宋起，吃月饼终于登上历史舞台，从此成为和中秋赏月密不可分的美食。团圆、和美，中秋的欢愉何止如此呢？

宋代，虽然秋分祭月的国家典仪依然延续，但在老百姓中间悄然兴起了一种更为有趣的中秋祭月。人们对月祈祷，请求月神赐福，男博功名，女求容颜。这在宋代金盈之的《新编醉翁谈录》中有记载："中秋，京师赏月之会，异于他郡。倾城人家子女，不以贫富，能自行至十二三，皆以成人之服饰之登楼，或在中庭拜月，各有所期：男则愿早步蟾宫，高攀仙桂。女则愿貌似嫦娥，颜如皓月。"由此可见，宋代的民间祭月已经明显

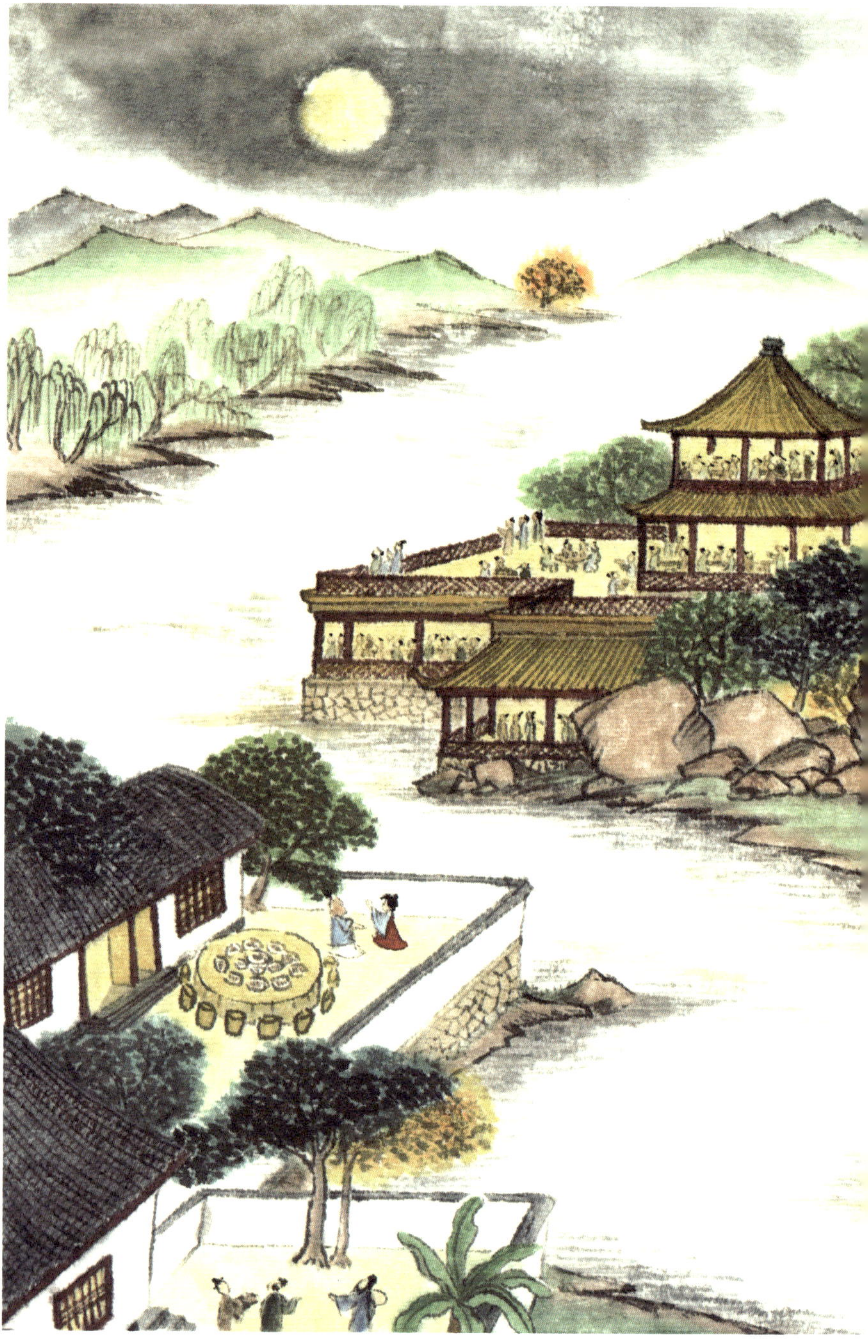

与官方祭月典礼区别开来，因为老百姓的参与，也让祭月变得更加生动有趣。

除了赏月，宋代人还要赏灯。但与上元节观花灯不同的是，中秋的灯大多是放在水面上的，街市上但凡有悬灯，也是为了烘托月色，而非要抢月亮的风头。

明清：中秋也是"团圆节"

明清时期，中秋节虽然不放假，但这并不妨碍中秋节上升为与春节、清明、端午并重的民俗大节，节俗活动更是丰富多彩。文人化的抒情被冲淡，世俗化的情感、愿景成为民众过中秋节的主要内容，一些更为接地气的民俗活动融入其中，比如烧斗香、放天灯、走月亮、舞火龙等。一方面，功利性的祈求更加凸显；另一方面，中秋的世俗娱乐性也在进一步放大。

明清之前，虽然中秋圆月也有世人"团圆"的美好寄托，但关于"团圆节"的记载最早见于明代。《西湖游览志馀》记载："八月十五日谓之中秋，民间以月饼相遗，取团圆之义。"明代刘侗、于奕正所著《帝京景物略》中也曾提到："八月十五祭月，其饼必圆……其有妇归宁者，是日必返夫家，曰团圆节也。"此时，祭月、赏月活动已遍及全国，亲友们互赠月饼、月果已成礼俗。

《红楼梦》第一回，贾雨村就是在中秋节这夜望月吟诗，还

互赠月饼

同邻居小酌一番。及至清代,中秋之夜更是家家有宴席,人人与月邀。一种名为"走月亮"的风俗在女子间悄然兴起。明清时期,拜月之俗渐渐成为女子专利,有了"男不拜月,女不祭灶"的俗语。小孩子们也特别高兴,因为中秋节上有一款他们的专属玩具——兔儿爷。

辛亥革命后,民国政府将纪年由农历改为公历,并对传统节日进行了调整,制定了春、夏、秋、冬四个节日,即原来的农历正月初一元旦更名为春节,端午节更名为夏节,八月十五更名为秋节,冬至更名为冬节。

2006年,国务院将中秋节列入首批国家级非物质文化遗产名录。自2008年起,中秋节与春节、清明节、端午节纳入国家法定节假日。中秋节以月之圆兆人之团圆,为寄托思念故乡、思念亲人之情,祈盼丰收、幸福,成为丰富多彩、弥足珍贵的文化遗产。

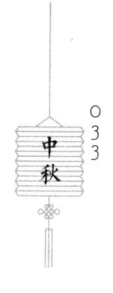

中秋的民俗乡情

中秋节不仅是汉民族的节日,也深受其他少数民族同胞的热爱。在我国,除了汉族之外,还有 20 多个少数民族也过中秋节。各个民族结合身处环境、生活方式、民风民俗,将中秋节过出了不一样的味道。

中秋节,苗家人的"情人节"

苗家妹子长得水灵,苗家阿哥英俊潇洒,能歌善舞的苗家人要在中秋之夜到山寨的空地上载歌载舞,"以月之名"谈情说爱,他们称之为"跳月"。

月光柔美,树影婆娑,鸟儿已双宿双栖,这样浪漫的秋夜,正该是郎情妾意,情投意合。中国古人认为,月属"阴",便将之与女性形象结合在一起,并随之产生了许多爱情的联想。《诗经》便有言:"月出皎兮,佼人僚兮。舒窈纠兮,劳心悄兮。月出皓兮,佼人懰兮。舒忧受兮,劳心慅兮。月出照兮,佼人燎兮。

苗家"跳月"

舒夭绍兮,劳心惨兮。"借着朦胧的月色,爱情的种子萌芽了,也能宣之于口了。

苗家人有一则传说:月亮本是个忠诚憨厚、勤劳勇敢的青年,有个年轻美丽的姑娘爱上了月亮,拒绝了来自九十九个州的九十九个向她求婚的小伙子,还克服了太阳制造的种种磨难,最终与月亮幸福地生活在一起。这样的爱情故事在苗家山寨流传了几千年,人们为他们的爱情所感动,于是,世世代代苗家男女都在中秋之夜跳舞唱歌,彼此倾吐真心。明清时期,苗寨"跳月"盛行,清代《蛮洞·竹枝词》有唱:"月明跳舞丛人里,

抛掷花球打爱郎。""唇下芦笙月下跳，摇铃一队女妖娆。""芦笙吹彻响铃催，花簇球场趁月开"……每当中秋月圆，美妙的芦笙吹响，苗寨里就回荡着爱情和诗意……

傣族人拜月祭英雄

中秋拜月由来已久，为求功名、求美貌，甚至求婚姻，可傣族人只为祭拜他们的民族英雄——岩尖。

在傣族的传说中，天皇的第三个儿子名叫岩尖，是一个英勇的青年。他曾经率领傣族人打败强敌，赢得了傣族人的崇敬和爱戴。岩尖死后，不忍与傣族百姓分开，便化作天上的月亮，发出柔和的光亮，陪伴着傣族人民。

此后每逢中秋，傣族的小伙子一大早便要出门猎物，姑娘们则要到湖边、荷塘去摸鱼，阿妈要忙着用舂米做圆饼，一切准备皆是为了晚上的"拜月"。丰盛的大餐上桌后，人们要在桌子的四角上分别放一个糯米圆饼，再在饼子上插一炷冷香。待月上梢头，再点燃这炷香，全家老小皆到院中"拜月"，以示对岩尖的怀念和崇敬。之后，便是开心、热闹、团圆的月光晚餐了。

侗族人"偷月亮菜"

"偷菜"不只是现代人流行玩的一种网络游戏，在古代，"偷菜"游戏就已经流行开来，只不过有的地方是在元宵节"偷菜"，有的地方是在七夕节"偷菜"，湖南的侗乡人则是在中秋之夜玩"偷菜"游戏。虽然时间不同，但"偷菜"的目的只有一个——求得美满婚姻。

相传，中秋的晚上，月宫仙子要下凡到人间，广撒甘露。被甘露洒到的瓜果蔬菜是可以共享的。这便是侗家人中秋的"偷月亮菜"。虽说是"偷菜"，可并不偷偷摸摸，甚至还有点大张旗鼓，"偷菜"的人会故意高喊："你家瓜菜被我扯了，你到我家去吃油茶吧！"原来，"偷菜"是借口，传递红线才是真的。如果当晚能摘到一个并蒂的瓜果，那便意味着将会收获美满的爱情。

"偷菜"的不只是女孩子，小伙子也要趁着月色出门"偷菜"，目的同样是为了祈求月宫仙女赐予幸福。只是，小伙子们"偷"到的菜只能就地煮了吃，不能带回家去。

瑶族姑娘"舞火狗"

广东龙门县蓝田一带瑶族同胞则要在中秋节当日"舞火狗"。在瑶族人的传说中，狗对他们有养育之恩。"舞火狗"，既是感谢狗的恩情，也是为了驱邪避邪。在这一天，女孩子们负责祭拜先祖，而后舞蹈，小伙子们则负责放鞭炮。之后，青年男女们还要进行对歌。根据当地的习俗，女孩子们必须参加三次以

上的"舞火狗"才能结婚。从这个意义上来讲,"舞火狗"是蓝田瑶族女子的成人礼。

壮族中秋的"奇风俗"

聚居在广西的壮族群众,有在中秋这日"闹哥孩""请月姑",甚至"骂中秋"的奇特风俗。"闹哥孩"流行于广西德保县,

壮族"请月姑"

也叫"请囊海"。"囊海"在壮语里的意思是"月姑","请囊海"就是"请月姑",意思是中秋到了,请月亮里的仙女(也有说是仙哥)下凡与民同乐。年轻男女们月下对歌,只是歌曲内容不涉及爱情,而是与史实、社会生活有关,通常会唱一整晚。

广西靖西、那坡一带的壮族姑娘也要在中秋之夜"请月姑"。她们将一根十多米长的竹竿立在空地上,顶上还要插一个满是线香的柚子,作为指引仙子下凡的天梯。

广西西林地区的壮族群众则要在中秋日"开骂"。这是因为,传说在古代,有一位当地的姑娘性格耿直。一个男青年在中秋夜,当众痛骂偷姑娘甘蔗的人,姑娘很是崇拜和感动,便嫁给了这名男子。骂人竟也能骂出一段姻缘,这倒是奇了。从此之后,当地的中秋节便流行起"骂人"的玩法。

世界各地中秋大观

"海上生明月,天涯共此时。"中秋节也是世界华人华侨的传统佳节,受中华文化的影响,一些国家,尤其是东南亚和东北亚的国家也过中秋。

日本把农历八月十五称作"十五夜""中秋名月",人们相携赏月。这样的习俗在1000多年前的日本就已经流行了,并且他们也要边赏月边举行宴席。在日本人的中秋节里,最重要的应节食物并非月饼,而是月见团子,其实就是一种江米团子。

时至今日，每逢中秋，日本的一些寺院和神社依然要举行隆重的中秋赏月会，极为风雅。

越南的中秋节则过出了一番不同的滋味。在这一日，孩子们成为当之无愧的主角。据说，这是因为过去秋收农忙，大人们分身乏术，不能陪伴孩子，只能在中秋节做一点补偿。所以，中秋成为越南人的家庭日，渐渐地，也被称作越南的"儿童节"。和我们一样，越南的中秋夜也要吃月饼，孩子们一边听父母讲故事，一边吃着点心欣赏月色，年轻人则结伴游玩或者举行家庭聚会，过出了更加多元的内容。

韩国的农历八月十五也叫"秋夕"，是八月里最重要的日子，也是一年中最重要的节日之一。同样是临近丰收，韩国家庭要在这一天先祭奠祖先，再和亲友团聚。祭祀物品中有米饭和时令水果，还有最关键的一种食物——用大米、黄豆、芝麻和栗子做成的米糕——松饼。这一日夜晚，孩子们还要换上传统服饰，在月光下跳舞、唱歌、做游戏。这是一个与家人团圆的日子。

马来西亚华人过中秋节，其热闹程度不亚于国内。每到中秋临近时，各地老字号商家都会推出各种口味的月饼，各大商场也都有月饼专柜，中秋的气氛十分浓厚。而到了中秋节这天，除了吃月饼、赏月，人们还要提灯笼游行。一时间，唐人街张灯结彩，舞龙舞狮，花车游行，满街满巷的灯笼散发着浓浓的中国味道。

第二章 中秋节的花式打开方式

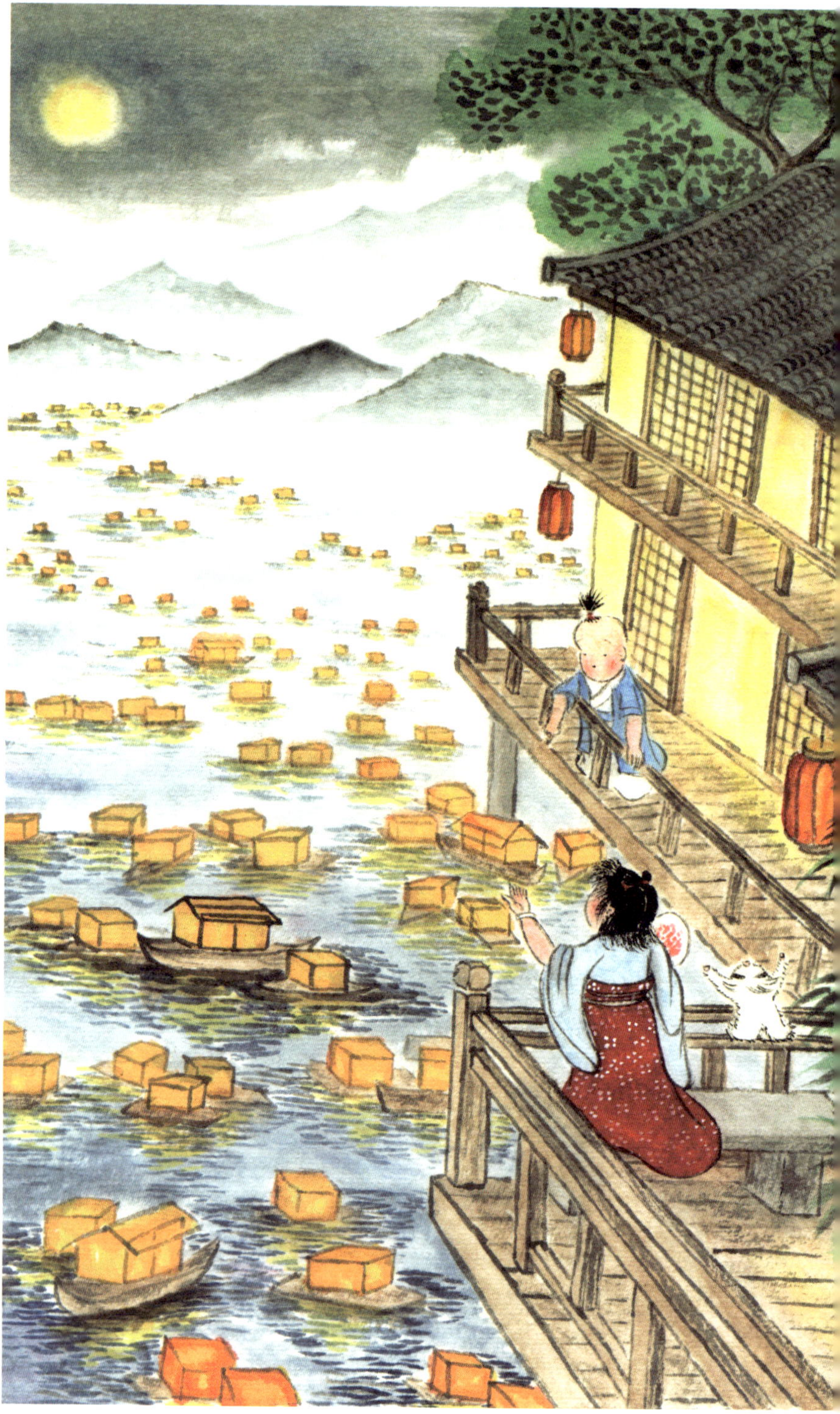

又是一年中秋时。

现在的人们纠结的是：今年买哪一家老字号的月饼送亲戚朋友？买椰蓉味道的还是买肉馅的？至于赏月嘛，身处"钢筋森林"中的我们，能从楼宇的夹缝中找到月亮已属不易，想要举杯邀明月，还得专门驾车出城，寻一处空旷地。

于是，商家便绞尽脑汁地在吃食上下功夫。年年岁岁，月饼的口味、款式、包装层出不穷，让人眼花缭乱，迅速带火了一波"中秋经济"。渐渐地，中秋节对于很多人而言，变成了一个"只剩下吃月饼"的传统节日。

其实，围绕着团圆、祈福的美好主题，中秋的习俗丰富多彩。比如，从唐代开始的民间祭月，到底是为了求什么？古人玩月和今人赏月到底是不是一回事？北京的兔儿爷和中秋有什么关系？江南人的中秋节俗为何有观潮这一项……

祭月、拜月，一个都不能少

拜月之俗起源于上古先民对月亮的自然崇拜。到了周代，就有了帝王春分祭日、夏至祭地、秋分祭月、冬至祭天的习俗。《礼记》记载："天子春朝日，秋夕月。朝日以朝，夕月以夕。"随着祭日、祭月成为一项国家典仪，虽然规模不一，但春秋二分一直是天子祭日月的日期。后来，祭月之礼由皇室传至民间，从庄严的皇家祭神变为大众化的民俗，民间祭月的日子便从秋分日移至离秋分最近的满月日——中秋。换句话说，官方祭月多选秋分，民间祭月则在中秋。

周代就在北门外祭月，所用祭祀的牲和币均为赤色；汉武帝时，曾在太乙坛祭日月，后改在宫廷内行礼。祭日时面向东方，祭月时面朝西方；至唐时，用方色犊为牲祀月；明代都城迁往北京后，曾在阜成门外建"夕月坛"，在秋分日的亥时迎月出。月坛成为明清两代帝王秋分日祭拜月神和诸星宿之地。清承明制，每三年由皇帝亲祭，其余由武官代祭。

西瓜切成莲花状

民间祭月，香炉香烛月饼西瓜少不了

相传，春秋战国时期的齐国出了一位史上最有名的丑女名叫无盐。她原名钟离春，后人习惯称她钟无艳。她就是在中秋之夜成功逆袭的。

据说，钟无艳因为相貌丑陋，直到四十岁都没有嫁出去，无奈之下只得主动要求入宫侍候当时的大王——齐宣王。面见齐宣王的时候，她也知道自己的外貌没有竞争力，要留下来只能拼内在美，于是与齐宣王就国事侃侃而谈，提出了很多独到的见解。齐宣王一听，这个女子不简单啊，就算做不了妃子，也可以做谋臣啊，于是就将钟无艳留在了宫中。

有一年的中秋节，钟无艳在宫中拜月，齐宣王偶然邂逅了她，突然觉得她风姿绰约，美丽超群，便立她为后，丑女无盐成功翻身。后人都说，是钟无艳的虔诚感动了月宫嫦娥，赐她娇美的容颜，才得以"翻盘"。也有人质疑，钟无艳年年拜月，为何几十年都没有收效，偏偏进宫一拜就成了呢？所以大家也觉得，无盐拜月是在提醒天下女子，容颜不能选择，而内心的美丽才是无可比拟的。

这段传说故事在民间一直流传，但民间的祭月仪式还要从唐代开始说起。唐代的中秋节，祭月、拜月、玩月、赏月渐渐兴起，到了宋代，祭月、拜月之俗已经非常风行，成为中秋节最火的时尚。民间拜月不像官方那么庄严肃穆，礼仪规矩严谨又烦琐，但也是需持肃穆之心的，只是在形式上更加亲切、亲近、有趣。

中秋祭月是充满仪式感的，用现代人的眼光看，整个过程既好玩又充满文艺气息。自唐开始，百姓就在自家庭院里祭月。中秋是日，人们首先要做的就是洒扫庭院。然后，派出一组采购小分队上街采办。需要买什么东西呢？香炉、香烛必不可少。除此之外，新鲜上市的月饼，以及石榴、葡萄等水果都是最受欢迎的。到五代西瓜传入中国，一跃成为中秋祭月最受欢迎的水果。采买的人回到家时，一张大祭桌已经在庭院中央摆好了。这个时候，要朝着月亮升起的方向，将祭祀的食物悉数摆上，另外还要添上红烛一对，香炉一只，酒杯三只，草席、软垫若干条。到了明代，还需要将西瓜切成莲花状。《帝京景物略》记述了当时北京的中秋风俗："八月十五祭月，其祭果饼必圆；分瓜必牙错瓣刻之，如莲花。"至于祭祀的物品，在唐宋的基础上

月光纸

还增加了一种"月光纸"。"月光纸"上绘有月光菩萨，菩萨端坐莲花座上，其旁还有玉兔持杵在臼中捣药。请"月光纸"也是丰俭由人，小的仅仅三寸，大的足有一丈多长，金光闪闪。这一段也被记录进了《帝京景物略》："纸肆市月光纸，缋满月像，趺坐莲花者，月光遍照菩萨也。华下月轮桂殿，有兔杵而人立，捣药臼中。纸小者三寸，大者丈，致工者金碧缤纷。"

当然，置办的祀物也是有地方特色的。比如，清代的上海"豪门"就会在"标配"陈列之上，再额外添加嫦娥、月宫、玉兔等吉祥图像，时令瓜果中也有菱角、塘藕等江南物产。至于小食，除了月饼之外，更有一道中秋时节的桂花糕，香甜爽口。另外再着意添上毛豆荚和芋艿，因为豆荚谐音"得吉"，芋艿谐音"运来"，无非是为了讨个口彩，求个吉利。

清代的谚语唱道:"八月十五月儿圆,西瓜月饼供神前。"清代还有特制的大月饼,这种月饼又圆又大,其上还绘有月宫蟾兔。

江浙一带的人们还有烧斗香的习俗,也叫"烧天香"。顾名思义,这香是烧给天上神仙的。因为形似量斗,在香上加糊纸斗,所以叫"斗香"。有的地方的斗还会在四周糊纱绢,写上"月圆人寿"之类的剪纸金字。

中秋夜,庭院供桌上,月饼已经上桌,一应时令瓜果已经铺陈,再将斗香恭敬摆放,一烧大半夜,伴着氤氲的香气,月光柔和宁静地洒下,四下一片静谧。烧斗香正是为了祈求人间太平,亲人永不分离。

明清"男不拜月"

祭月,并非人人都有资格,到底是哪些人参与祭月?古时的大祭,主祭一般多为男性,但祭月却偏偏是个例外。明清时期,男性不但不能担任主祭,甚至连起码的参拜也是不被允许的。这是为何呢?

其实,宋时的中秋拜月是男女齐参与的,小哥哥小姐姐们月下相邀,对月祈福,是当时京城的风尚。宋代的金盈之在《新编醉翁谈录》中记载:"中秋,京师赏月之会,异于他郡。倾城人家子女,不以贫富,自能行至十二三,皆以成人之服饰之。登楼,或于中庭,焚香拜月,各有所期:男则愿早步蟾宫,高

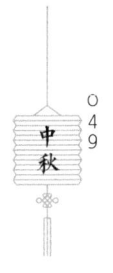

攀仙桂。女则愿貌似嫦娥，颜如皓月。"意思是说，中秋节京城有赏月大会，与其他地方是不一样的。到了这一日，帝都十二三岁的小哥哥和小姐姐都要穿上成人的衣服，无论贫富贵贱，都要登楼或者在庭院中行拜月之礼。他们求什么呢？小哥哥们祈求功名前程，小姐姐们则祈祷貌如嫦娥般美丽，容颜似皓月般明净。功名前程，花容月貌或许都求到了，顺带的，还求来了如月光般美好的爱恋。

只是这等浪漫并没有维系多久，到了明清时期，祭月仪式便无情地"摒弃"了小哥哥们，成了小姐姐们的独角戏。富察敦崇在《燕京岁时记》中记载："惟供月时男子多不叩拜"，民间也流传着"男不拜月，女不祭灶"的说法。因为古人认为，月神属阴，加之月神嫦娥也是女性，男性参拜于礼不合。还有一种更为彰显男权主义的说法是，嫦娥本是后羿之妻，因偷食不死药而升仙，背叛了后羿。所以，男子参拜月神有亵渎神灵之嫌。

无论是因为哪一种说法，明清时期再难见到男女同登楼拜月，于庭院中各述心思的美好场景。取而代之的，是由家中备受推崇的主妇或者年长女性担任主祭之人，引领家人祭月、拜月，祈求的内容也从男求功名、女求容颜转变为祈求全家幸福安康，团圆吉祥。因此，明清以降，中秋节有了"团圆节"之称，"中秋月圆"发展衍生出"家人团圆"的中秋主题。

祭月结束后，主祭为大家切西瓜

祭月无关天气

祭月的习俗直到民国时期依然流行，祭月的仪式也有自己固定的流程。只是，心心念念的八月十五终于来了，谁料却下起一场雨，这可如何是好？套用时下的一句网络流行语：你拜或者不拜，月亮都在那里。既然是虔诚参拜，下不下雨又有什么关系呢？大好晴天当然是最佳的，若是浓云蔽月，那就朝着月亮升起的地方摆放祭桌。若是大雨倾盆，大不了将祭桌搬到廊檐下或者屋内，甚至船上，只需打开门窗，面朝月亮的方向诚心参拜即可。正所谓"祭如在，祭神如神在"，你拜你的月亮，又关天气什么事呢？

祭祀之前，所有参与的人都要沐浴更衣，男子着深衣袍衫，女子穿深衣襦裙。月亮升起之前，月光能照耀到的地方已经摆上了祭桌，祭品祭物悉数陈列，红烛高燃，地席铺地。所有参祭者正坐祭者席上，执事和赞礼就位。

万事俱备，只待月出。

当西方露出一点白光时，祭月正式开始。赞礼唱道："祭月"。此时，主祭出，于最前方跪于席上。赞礼再唱"三上香"，执事随即递上三炷香。主祭接过，并于红烛上点燃，郑重向月神鞠躬三次，再将香插于香炉之中。赞礼又唱"三祭酒"，执事将斟满的酒杯递与主祭，主祭奉酒于席前，再将酒杯放置在祭桌上，如此往复三次。此时，执事奉与祝文一篇，文字洋溢热情，皆为歌颂赞美月亮之意，主祭于月下深情诵读，而后，将祝文和月光纸一并焚烧于席前火盆。至此，主祭所有的引导拜月之事完成，接下来便是集体拜月仪式。赞礼先唱"拜月"，主祭带领众参祭者行参拜礼两次。礼毕，赞礼唱"从献"，主祭离开奠席，参祭者依照长幼秩序依次上前，行跪礼，上香，祷告，行拜礼。直到所有人完成参拜仪式，赞礼唱"礼成"，整个祭月仪式宣告完成。

此时，主祭开始为大家切月饼和西瓜，数量要依据家人的数量而定，即使身在远方不能到场的，也要切下一块留给他们，大小还要切得一样，这可是门技术活。一家人围聚在一起，吃酒宴饮赏月，通宵达旦，既是古人逢秋必做的大礼，更是中秋

拜月时，女子着深色襦裙，男子执事

佳节的一件乐事。时至今日，祭月、拜月活动早已被多姿多彩的赏月活动替代。有些地方也效仿古代祭月之俗，以礼仪引导青少年对传统文化的认知，感知古人祈求团圆的心情，塑造今时之人的家国情怀，这是我们对待祭月应有的态度。

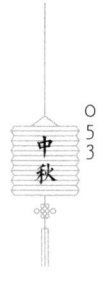

赏月、玩月，中秋节的高潮在此

中国人都颇注意养生，熬夜是绝对不被推崇的。可古人曾真心认为，中秋熬夜能长寿。中秋熬夜干什么呢？当然是赏月、对诗、饮酒、登高……

中秋除了祭月，还有赏月、玩月。从古至今，赏月也好，玩月也罢，不仅是中秋节的核心习俗，亦是将整个中秋节的气氛推向高潮的活动。

中华民族对月一直有一种诗意的想象，远古时期，人们崇拜月亮，敬畏月亮，后来歌颂月亮，赞美月亮，咏叹月亮。文人对月而饮，叹月赋诗；孩童踩着月光的影子，对月而歌，对月而食……月亮被中国人赋予了浪漫的情思，赏月、玩月更是形式多样，不拘一格。

玩月，唐人玩出诗意

其实早在远古时期，人们就已经开始在月圆之夜聚集，载

刘禹锡八月十五桃源玩月

歌载舞，到了八月中秋，更要对月祷告丰收，感谢月神眷顾。彼时还没有赏月的概念，只能叫作祈月或者跳月，是一种原始的酬神仪式。

　　直到魏晋时期，中秋赏月虽然还没有正式形成，但那时的人们已经有了赏月、玩月的意识。谕尚书在中秋之夜泛舟江上，谢灵运作《怨晓月赋》感叹道："卧洞房兮当何悦，灭华烛兮弄晓月"，虽然不是在中秋，但已经有了文人玩月的雏形。

　　到了唐代，人们则有了"月之为玩，冬则繁霜大寒，夏则蒸云大热"（欧阳詹《玩月》）的认识。八月十五，秋高气爽，不冷不热，皓月当空，此时不玩月，更待何时？

　　唐代，风流才子、文人雅士辈出，玩月定要玩出风雅，赏月更要赏出好诗。这风雅至极的当数唐玄宗李隆基。中秋之夜,《霓裳羽衣曲》一曲惊天下。相较于宫廷的奢华富丽,民间的玩月也是玩出了花样。欧阳詹在《玩月》诗序中说:"月可玩。玩月,古也。谢赋、鲍诗,朓之亭前,亮之楼中,皆玩月也。"意思是玩月不是唐朝人的发明,前朝谢灵运曾作赋,鲍昭也曾作玩月诗。什么是玩月,如何玩月?可于亭前,也可登楼。的确,唐时的富人多自搭彩楼赏月,平民则可去酒楼占座,文人雅士更喜欢游兴山水之间,赋诗山野,求得真趣。

唐时的中秋,宫廷要设宴,民间也有中秋宴席。宴席或设在野外空地,或者就是临楼的露台,当然于家中仰头望月赋诗的也有,比如王建。他就曾作诗《和元郎中从八月十二至十五夜玩月五首》,说到自己"仰头五夜风中立,从未圆时直到圆"。王建的中秋之月有一种孤独的美。

白居易等人的中秋月则带着闲适幽情。那一年中秋,白居易到华阳观,作《华阳观中八月十五日夜招友玩月》:"人道秋中明月好,欲邀同赏意如何?华阳洞里秋坛上,今夜清光此处多。"诗人许浑也曾游鹤林寺,作《鹤林寺中秋夜玩月》:"待月东林月正圆,广庭无树草无烟。中秋云尽出沧海,半夜露寒当碧天。轮彩渐移金殿外,镜光犹挂玉楼前。莫辞达曙殷勤望,一堕西岩又隔年。"

寺院、道观作为唐代文士的赏月妙地,可谓另辟蹊径,而游船赏月或者水边赏月更加常态化。比如诗人裴夷直就曾泛舟洛河并赋诗写道："清洛半秋悬璧月，彩船当夕泛银河。苍龙颔底珠皆没，白帝心边镜乍磨。海上几时霜雪积，人间此夜管弦多……"那个曾在鹤林寺玩月的许浑想必也是游船赏过月的，否则不会在《中秋夕寄大梁刘尚书》中写道："应念散郎千里外，去年今夜醉兰舟。"

登高山赏月就更多见了，除了玄宗曾发愿要建望月台，诗人刘禹锡就曾登山望月，写下《八月十五日夜桃源玩月》："凝光悠悠寒露坠，此时立在最高山。"诗人说中秋的月光凝聚起来，悠悠地像寒露坠落下来，而此刻的他站在桃源的最高处。这首诗写于永贞革新失败后，刘禹锡被贬谪到朗州（今湖南常德），桃源就位于此地。诗中有赏月玩月之情，最后一段却从玩月的心情中抽离出来，感叹桃源别后，难再重游："绝景良时难再并，他年此日应惆怅。"借月抒发惆怅，也是唐代诗人中秋赏月的一股风潮。

至于望月而增相思，睹月而发对团圆的渴望，也是自唐开始的中秋内涵。白居易在中秋夜思念元稹，感叹"三五夜中新月色，二千里外故人心"。王建也在《十五夜望月寄杜郎中》中写道："中庭地白树栖鸦，冷露无声湿桂花。今夜月明人尽望，不知秋思落谁家。"整首诗意境很美，诗人望月兴叹，仿佛那浓郁的秋思随着银月的清辉，一齐洒落人间。

中秋月圆，月光清冷如许。有人心态悠闲，有人惆怅难纾，有人思人，有人想家。所以中秋玩月，玩出了"月"的不同意

象和诗意，这是唐人的创举。

宋人，玩出狂欢的味道

如果说唐朝人赏月还停留在"阳春白雪"的阶段，文人各自暗暗较劲，赏月之外还想要在"中秋诗词大会"上一显身手，那么宋朝人就接地气多了。仅是从宋朝的中秋街市就能窥见"全民狂欢"的端倪。

翻开《东京梦华录》，中秋节前数天，东京城头已经弥漫着过节的气氛。各商家开始布置门前的彩楼，新酿的中秋款美酒已经隆重上市。张家的铺子有新鲜的石榴红红火火，李家大哥的挑担里是西域来的上等葡萄，那边王家水果店里还有果香四溢的梨子和柑橘。走过路过，这里尝尝，那里看看，不大一会儿，已经收获了一箩筐。宋朝的商贩很有经商头脑，为宋朝版"中秋嘉年华"贡献了不少流量。除了满足大家的口腹之欲，更需要想些花样，让大家吃饱喝足的同时，笑得开怀，玩得开心。虽说无论天晴下雨，酷暑严寒，勾栏瓦舍天天都有演出，但逢重大节庆，演出的名头更是花哨。到了中秋这一天，相扑比赛在瓦舍隆重上演，游戏比赛、登山以及拔河、击鞠比赛也在各地开展起来。

到了晚上，城市里的各种玩月游戏更是让人眼花。《东京梦华录》有记载说："中秋夕，贵家结饰台榭，民家争占酒楼，玩月笙歌，远闻千里，嬉戏连坐至晓，里巷儿童通宵玩耍，夜市人马杂沓，至于天明。"讲的便是宋朝都城中秋玩月，以笙歌助舞的情景：各大酒楼人满为患，笙歌助兴，谈笑推杯，赏月品茗，好不快活！更重要的是，宋朝取消了宵禁，中秋之夜，三五好友聚集酒肆，吃夜宵，听小曲，夜市流连，满街都是玩月游人。

南宋的临安城（今杭州），中秋夜赏月、玩月更是玩出了高级的文艺感。据说，人们要在水上放一种羊皮小水灯，名为"一点红"。当众人的水灯纷纷划向水面时，江上数万盏灯，犹如点点繁星，令人沉醉。这便引出了另一桩习俗——放花灯。

临安城里也涌现出许多赏月佳地，比如西湖和凤凰山。这些被古人"开发"出来的赏月、玩月宝藏地，说明古人玩月并不只是就月赏月，而是恰恰要和大自然的景物连在一起来欣赏。良辰美景，应时而赏，中国古人的审美意趣，真是洒脱、浪漫而风雅。

"春水初生绿似油，新蛾泻影镜光柔。待予重命行秋棹，饱弄金波万里流。"乾隆皇帝的这首诗，写的是西湖十景之一的"平湖秋月"。每当秋高气爽，西湖湖面平静如镜，八月十五更是秋月朗照，月光与湖水交相辉映，颇有"一色湖光万顷秋"之感。而作为"西湖第一胜景"的三潭印月更是妙趣横生。当年，苏东坡在杭州疏浚西湖时设三座石塔，塔腹中空，球面体上排列着五个等距离圆洞。月明之夜，洞口糊上薄纸，塔中点燃灯光，

三潭印月

洞形映入湖面，呈现许多月亮，真月和假月其影难辨，呈现迷人的夜景。这样的投影方式与凤凰山的月岩赏月有异曲同工之妙。据说，月岩是南宋皇帝的赏月私密地，每当八月十五中秋夜，晚上的8点至10点之间，若遇月光刚好穿过崖上的圆孔，便可在地上形成长约两米的投影，天上一个月亮，地上一个月亮，相映成双。

这样的胜景，除了一个"巧"字，更着意添了一份中秋玩月的独特心思。正所谓"寻常三五夜，不是不婵娟。及至中秋满，还胜别夜圆"。

明清,民间玩月风俗依然兴盛

明清两代人还玩月吗?答案是肯定的。明朝初年,都城南京是当时世界上最大的城市,其繁华尽可想象。都城的一切也都作为"标杆",为其他地方树立榜样。城内建有望月楼、玩月桥,供城中人在中秋夜赏月、玩月。每逢中秋,风流士子聚集桥头,笙箫弹唱,对月赋诗,何等畅快风雅!后人感叹玩月桥风光不再时,亦颇有遗憾:"风流南曲已烟销,剩得西风长板桥。却忆玉人桥上坐,月明相对教吹箫。"

直到明迁都北京,清朝也定都北京,风景颇佳的西直门外的长河、东便门外的二闸等地便成了新兴的赏月佳地。又或者去什刹海、陶然亭品茗饮酒,对月欢唱,也是美事一桩。而北京四合院内的妇女们则在家中庭院赏月、玩月。当时一首流传甚广的俗曲这样唱道:"荷花未全卸,又到中秋节,家家户户把月饼切,香蜡纸马兔儿爷,猜拳行令同赏月。"

有的地方甚至兴起了烧斗香、"走月亮"、舞火龙的风俗活动。《清嘉录》记载:"妇女盛妆出游,互相往还,或随喜尼庵,鸡声喔喔,犹婆娑月下,谓之'走月亮'。"妇女在赏月、"走月亮"的时候,头上还要簪花,有的妇女还要在中秋日栽花,取"花好月圆","好花常开,好景常在"之意。在苏州虎丘山塘一带流传着这样一段民谚:"中秋夜走三桥,上桥走走,万病无有;小孩走三桥,聪明伶俐读书好;小伙走三桥,事业兴旺步步高;

栽花

姑娘走三桥,青春亮丽更苗条;老人走三桥,鹤发童颜永不老。"总体来说,明清两代的玩月虽娱乐节目有增无减,但似乎并没有玩出什么新意。

现代人赏月,十五的月亮十六圆

虽说中秋节在八月十五,但想要赏一轮最亮最圆的满月,通常却要在八月十六甚至八月十七,这是现代人的重大发现。所以,或许古人并没有在中秋开过"十五的月亮十六元(圆)"这样的玩笑。

十五的月亮为何要到十六才圆?月球绕地球公转的轨道是一

斗香

个椭圆形,在近地点时运行速度快,在远地点时运行速度慢。所以,从一个满月到下一个满月,要走上二十九天半的时间,称为一个"朔望月"。因此,当上半月的月亮走得稍稍慢了,那么望月,也就是满月,通常出现在十六或者十七;若是上半月的月亮并没有偷懒,走得较快,那么,望月也就发生在了十五。所以,十五的月亮也圆,只不过十六的月亮圆的概率更大一些罢了。

今天的城市达人赏月，甚至还用上了高科技产品，比如用天文望远镜观测月球。在中秋当夜，很多城市还利用光影给都市人"造梦"，将大家耳熟能详的有关月亮的传说，比如嫦娥奔月、吴刚伐桂等投放到城市大屏上，让人们在快节奏的生活中能够停驻片刻，重温美丽传说。

从初一盼到十五，从一个月圆盼到另一个月圆，最让人期盼的，就是中秋的圆月了。可有人偏偏不盼月圆，甚至还盼"月破"。这倒是一桩玩月的奇事。聚居在今天的甘肃、青海一带的土族人，就有中秋夜"打月亮"之俗。当天南海北的人都在对月兴叹时，他们却要在院子里放置一盆清水，看到圆月的倒影出现在盆中时，便不停地用石子去击打水中的月亮，直到圆月变得模糊；在鲁西北一带，过去也有"铰月亮"一说：在中秋当日剪一个又大又圆的月亮贴窗上，但是又要在当天将这个圆月撕破……你可能会觉得奇怪，好好的月亮为何要去破坏它的完整呢？其实，这些看起来颇有些古怪的风俗源自同一个传说：据说当年姜太公封神时，封其妻为"穷神"。但是又担心她坑害了穷人，便命她"见破即回"。人们知道后，便故意撕破月亮，是为了让穷神望而却步，祛除邪气，带来好运。

如此看来，无论是盼月圆也好，盼月破也罢，都是人们对美好生活的希冀和憧憬。民俗不同，风俗有异，但人们盼望幸福生活、和谐圆满的目的始终是一致的。

今天，虽然祭月等旧俗已经走远，赏月、玩月也在与时俱进，

土族的"打月亮"

融入新时代的新元素,但作为中秋活动的高潮,其核心内涵并没有改变。我们依旧在这一天与家人团聚,邀朋友出游。明月千里寄相思,中秋,让我们深深守望亲情和友情,找到属于自己的民族认同感。

月亮代表我的心

中秋,银盘高悬,月光柔美,正是踏月觅偶诉衷肠的最佳时机。

诉衷肠,是中秋的保留节目,求子亦是。据说,广东人在中秋节拜月就是为了求子。胡朴安在《中华全国风俗志》中亦有类似记述:在广东,中秋节相传为月亮的生日,人们称月亮为月姐,又称女神,故拜月之事,多为妇人或女子。拜月要有一大盘芋头,中藏一大芋,名曰芋头母,其旁则绕以小芋,取"子孙众多"之意。

中秋,是一个有爱的节日。

抛帕招亲喜结良缘

人生百味,最美团圆。中秋,月亮圆了,若能择一佳偶,便是全了心愿。

中秋之夜还有一种"抛帕招亲"的习俗,直到今天还在福建的某些地方流行。抛帕招亲和抛绣球招亲在本质上并没有什么不同，之所以要选在中秋进行，跟一位老神仙有点渊源。这位神仙就是中国人心中的爱神——月老。

月老，是掌管人间姻缘的红喜神，每逢月圆之时，月老总要游历人间，如果遇到浓情蜜意的男女，便顺手成全一段好姻缘。

在中秋夜抛帕招亲，也是要应景的。广场中央会搭起一座彩台或者彩楼，装扮成月宫的模样，想要参与招亲的未婚姑娘装扮成嫦娥的样子，待锣鼓一响，便背身往台下抛掷不同花色的手帕。未婚的成年男子若有动心的，便会去接那些手帕。最后，当"嫦娥"抛完手中手帕，只留下最后一张时，便要展示给接手帕的众男子看，若谁的手帕与"嫦娥"的手帕花色相同，便可以上前去交还手帕。而"嫦娥"定会仔细打量这位男子，若是有意，就会选择继续交往，甚至喜结良缘。

摸秋，一桩乡间乐事

天青青，月明明，玉兔引路去偷青。

元宵流行偷青，中秋也盛行摸秋。这"偷偷摸摸"的秋事，说的又是什么？

元宵偷青，虽名为"偷"，实则生怕别人不知道似的，"偷"要偷得大张旗鼓，否则就被认为白做了一场戏。元宵偷青，有人求姻缘，有人求子，有人求好运气。中秋时，大家又"故伎

摸冬瓜

重演"。摸秋的习俗流行于我国四川、江苏、贵州、广东、安徽等地。出门摸秋的有男人女人，也有老人小孩，谁都可以参与。

在古人看来，月亮本属阴，主生育之事，因此，中秋节"祈子"是顺理成章的事情。

中秋当晚，月亮刚从山腰爬起来，摸秋的人们便踏着月光出了门。要么组队，要么独行，上山、爬坡，要寻一块肥沃的田地。至于摸什么？贵州的不少地方摸的是大冬瓜。摸瓜的都是年轻小伙子，摸到大瓜后，要在瓜上画出小孩的模样，再把准备好的小孩衣服套在冬瓜上，用竹篮装好，敲锣打鼓地给没有小孩的人家送去。收到瓜的这家媳妇，要和这个瓜睡一晚上，第二天再煮来吃了，便能求仁得仁，求子得子。湖南的某些地方也有类似的摸瓜习俗。而安徽歙县担任此项重任的则是小孩子，他们"戏窃倭瓜，入新婚者之房，纳入被中。或以子母芋，泥水淋漓，沾濡床褥"。为了求子，昔日的"吃瓜群众"争当"摸瓜英雄"，可谓中秋一奇观。

有人摸瓜，也有人摸其他东西。比如，四川有些地区，人们见什么摸什么。这个时节的地头，花生、红薯，不是果子就是瓜，摸着什么都是好兆头。也不送人，也不带回去，就地吃个痛快，或者生一把火，来个野外烧烤也是极好的，从月上梢头到夜深人静，熬了个夜，吃了个美，四川人的摸秋，潇洒酣畅！

台湾的中秋之夜，姑娘们则是踏着月光去摸大葱，因为在当地的风俗中，有"偷着葱，嫁好夫；偷着菜，嫁好婿"的说法。

风俗本是乐事，大多是温馨又美好的。摸秋的人乐在其中，相信被摸到的主人家也是置之一笑的。

清人梁绍壬在《两般秋雨盦随笔》中写道："女伴秋夜出游，各于瓜田摘瓜归，为宜男兆，名曰摸秋。"女孩子三三两两结伴而行，摸到南瓜预兆生男，摸到扁豆（又称峨眉豆）预兆生女。摸秋的同时，还并肩赏月，对月欢歌，将中秋活脱脱过成了一副女儿节模样。在这样的游戏当中，温情似月光常驻，乡野的乐趣也尽显无遗。

中秋少不得兔儿爷

老北京人为什么如此喜爱兔儿爷？兔儿爷到底是男是女？为什么中秋既要请兔儿爷、拜兔儿爷，又要玩兔儿爷呢？兔儿爷到底是不是神仙呢？

"八月十五月儿圆，兔儿爷家住月里面。"兔儿爷到底是什么？如果到北京旅游，在国子监、后海、厂甸的工艺品店可以看到大大小小的兔儿爷端坐在各个木格子里，手艺人自顾自地坐在里间精雕细琢。兔儿爷样子极其憨萌，让人爱不释手。

老北京的中秋畅销萌物

兔儿爷到底长什么样子？老舍先生在《四世同堂》中这样描写："脸蛋上没有胭脂，而只在小三瓣嘴上画了一条细线，红的，上了油；两个细长白耳朵上淡淡地描着点浅红；这样，小兔的脸上就带出一种英俊的样子，倒好像是兔儿中的黄天霸似的。它的上身穿着朱红的袍，从腰以下是翠绿的叶与粉红的花，

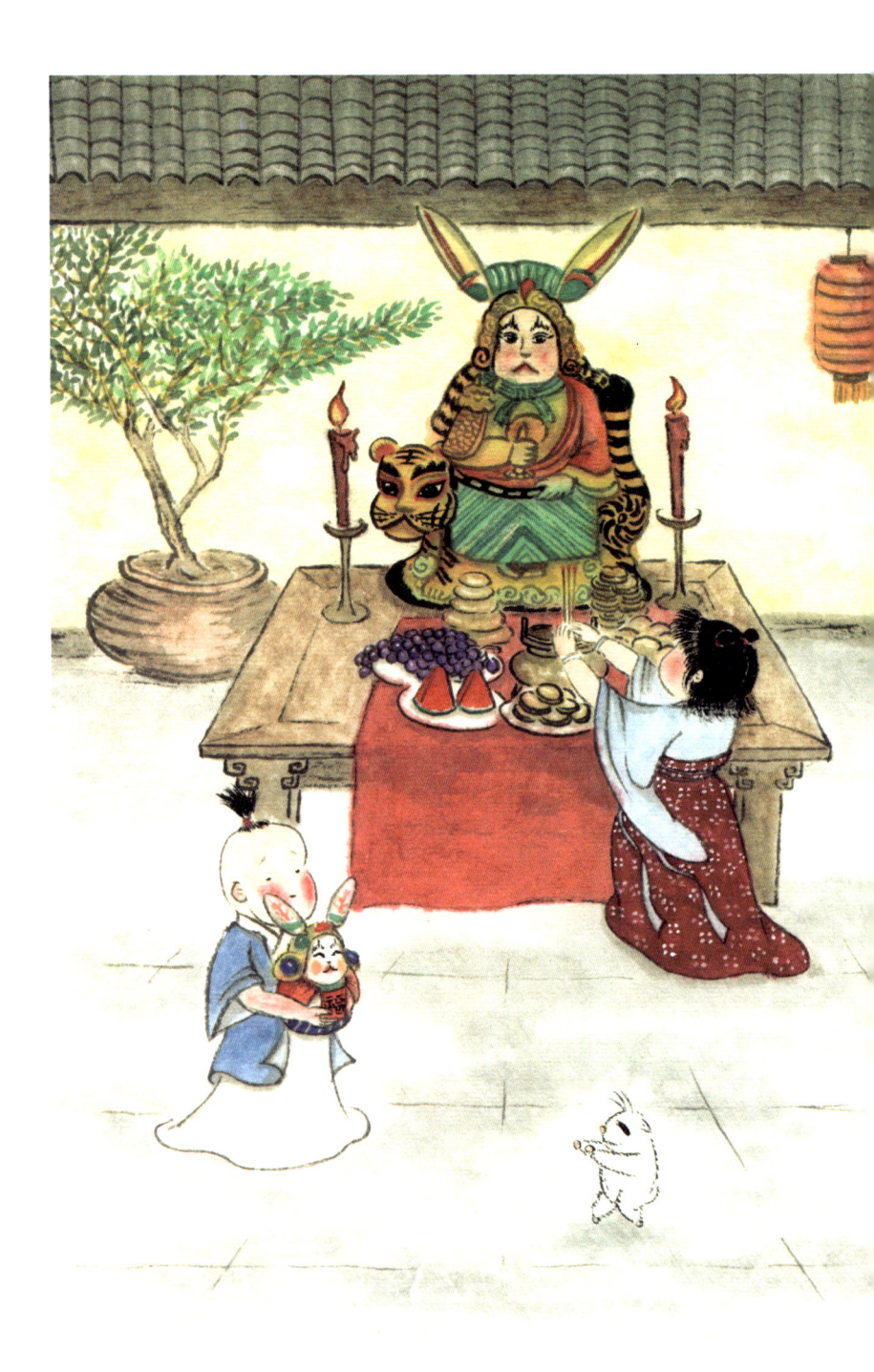

每一个叶折与花瓣都精心地染上鲜明而匀调的彩色,使绿叶红花都闪闪欲动。"老舍先生对兔儿爷有着很深的情结,先生写《四世同堂》时,身处千里之外的重庆,看似平凡的文字实则蕴藏着深深的乡愁。

兔儿爷,其实是一尊兔面人身的泥塑,是过去老北京城当仁不让的中秋节畅销款。中秋节,家家请兔儿爷,家中的女性和儿童更会拜兔儿爷。《燕京岁时记》曾记载:"每届中秋,市人之巧者,用黄土抟成蟾兔之像以出售,谓之兔儿爷。"旧时,在北京东四牌楼一带就有兔儿爷摊位,专售兔儿爷。

老舍先生在另一篇文章中也这样写道:"兔儿爷虽也系泥人,但售出的时间只在八月节前的半个月左右,与月饼同为迎时当令的东西,故不妨作得精细一些。况且小儿女们每愿给兔儿爷上供,置之桌上,不像对待别种泥娃娃那么随便,于是也就略为减少碰碎的危险。这样,兔儿爷便获得较优越的地位。"那么,兔儿爷如何会拥有如此礼遇呢?

兔儿爷是何方神圣?

"兔儿爷,别婵娟,走向大地显灵仙。采百草,做良药,祛病除灾保平安。"

兔儿爷不是一只普通的兔子,而是一只被神化了的兔子。民间传说,有一年京城突然瘟疫肆虐,几乎家家都有染病的人,吃什么药都无济于事。月宫里的嫦娥仙子见此境况,便派玉兔下凡到人间为百姓消灾治病。于是,玉兔在八月十五中秋节化作一位姑娘来到北京城。她一家一家地拜访,治好了很多人。这些人家为了感谢她,想要送点东西给她。可玉兔什么都不要,只是问大家借衣服穿。这是因为,旧时女性不能抛头露面,玉兔只得扮成男装。她每到一处便换一身衣服,而为了加快脚步,见马骑马,见鹿骑鹿,很快踏遍了北京城,最终将疫情全部消除。玉兔完成了使命,回到月宫。后来,每逢八月十五月圆时,人们为了纪念玉兔带给人间的吉祥平安,便用泥巴塑造了她的各种形象,并请回家供奉。

大约从明代开始,兔儿爷就已经成为北京的传统吉祥物,代表着阖家欢乐、祛病消灾的吉祥寓意。明人纪坤在《花王阁剩稿》中写道:"京中秋节多以泥抟兔形,衣冠踞坐如人状,儿女祀而拜之。"

根据这个传说,兔儿爷应该是一位女性,为何称"爷"呢?因为"爷"是封建社会对地位尊贵者的敬称。而玉兔下凡化解人间疾苦,自然担得起人们的尊敬,因此人们将其请回家并称以"爷"恭敬地供起来。清代,兔儿爷已经发展出多种拟人化造型,大街小巷,时常可见兔儿爷的身影。兔儿爷也是分大小的,大的足有三尺高,需两人合力抬回家;中等高度的也有一尺来高,一人可以抱回家;而小的兔儿爷仅有寸许长,拿在手里把玩正合适。兔儿爷有时候是戏曲装扮,有时候又是生活装扮。头戴盔甲、身披战袍,背上插把纸旗,坐麒麟虎豹等,如今市面上的兔儿爷也多是这种戏曲装扮;而生活装扮的兔儿爷则参照清代社会群相,有剃头师傅、算命先生、商贩、缝鞋的、卖菜的、卖茶汤的,应有尽有。后来市面上还出现了梳"两把头",或者"元宝头""苏州撅"的兔儿爷,人们称这些兔儿爷为"兔儿奶奶"。如果你买到一只刷着长长睫毛膏的兔儿爷,那一定是兔儿奶奶不假了。

兔儿爷虽然来自月宫,是天上的神仙,但她救济人间,"人缘"非常好;她不摆架子,亲切可爱,所以,虽然人们给她施以彩绘塑身,脸贴金泥,或捣杵或骑兽,虔诚供奉她,但到底也没有把她当作一般的神仙来看待,所以才会把她塑造得如此憨态可掬。兔儿爷,就像家里的一位老客人、老朋友,每逢中秋准时出现,给人们带来幸福、祥瑞。

兔儿爷现在是北京的中秋形象大使。如果你要去买兔儿爷,一定要用标准的北京话告诉老板,"兔~儿~爷"。只有加上儿化音,才是兔儿爷的正确叫法,是充满浓浓京味的感觉。

先拜兔儿爷,再玩兔儿爷

现在过中秋,虽然已经没有祭月的习俗,一些老北京人或者喜欢京味儿文化的外地人还是习惯请一尊兔儿爷回家,就像她身后写的"吉兔赐福"一样,兔儿爷到家,平安如意自然也就到家了。

兔儿爷讲究每年添一个新的，不是因为年年都会出新款，而是本着"消灾除病"的意义，自然要添置新的。一般是先送走往年的兔儿爷，再将今年的兔儿爷请回家。若是没有送走往年的兔儿爷，那么她们便成了"老陈人儿"。

往年的兔儿爷该如何送走？一般来说，在中秋节当日将她拿到家门口摔碎即可。兔儿爷摔碎了，家人的灾病便也破除了。然后，再去请个新的兔儿爷来护佑新一年的康健。待中秋过后，这些兔儿爷便成了孩子们最喜欢的玩具，而孩子们最喜欢摆弄的，还是兔儿爷背后的那面旗子。

兔儿爷背后的这面旗子被称作"靠背旗"。兔儿爷背后为何只有一面旗呢？这也跟玉兔下凡整治瘟疫的传说有关。据说，当北京城的瘟疫都消散后，兔儿爷忙着到处还衣服，但她实在太累了，最后累倒在庙门外。兔儿爷是在山门外的旗杆下被人们发现的，所以她后面只有一面旗。后来，受京剧武生的行头影响，才有了对称的两把或四把旗。

旧时中秋祭月，人们要在中庭朝着月亮的方向摆一张八仙桌，供以瓜果、月饼、毛豆枝、鲜花等。据说，毛豆枝就是专门为兔儿爷准备的。各家各户在挑选兔儿爷供奉时，也是有讲究的。比如，想要添丁的人家便会请一尊骑着麒麟的兔儿爷回来，代表"麒麟送子"；而祈求康泰吉祥的人家则要请一尊坐骑是大象的兔儿爷回家，寓意"吉祥如意"；更多的便是请骑着瑞虎的兔儿爷，代表"驱邪""五福临门"。

兔儿爷深受孩子们的喜爱，大概是因为她们实在太好看了。然而，因为兔儿爷是用泥巴塑身形，再加以彩绘而成，若遇到调皮捣蛋的孩子，三下两下间，这兔儿爷便脸也花了，耳朵也折了，脚也化成一摊泥了。难怪老北京人总说，"兔儿爷出水——两脚泥"，"兔儿爷洗澡——一摊泥"，"兔儿爷掏耳朵——一崴泥"……归根结底，兔儿爷就是一团和蔼可亲，神气不过三秒的泥巴，再也没有比兔儿爷更接地气的神仙了吧！

过去的北京中秋节，请兔儿爷、拜兔儿爷是一大盛况。现在的年轻人、孩子们虽然也玩兔儿爷，但知道兔儿爷的文化内涵、民俗故事的却是越来越少。

作为北京非物质文化遗产的兔儿爷，如今摇身一变成为大家喜闻乐见的工艺品。现在的兔儿爷手工艺人，在给兔儿爷"开脸"时也与时俱进，涂上胭脂粉，再开个眼角，让兔儿爷看起来更加靓丽、慈祥。如今的兔儿爷变得时尚了，卡通了，越来越多的年轻人喜欢兔儿爷。但无论兔儿爷如何创新，如何改良，始终蕴藏着北京的历史、北京的习俗、北京的文化，始终是老北京人温暖的记忆，是一种情怀、一种象征，更是我们共同的中秋回忆。

玩灯放灯灯映月

中秋是佳节，正该万户华灯连皓月。

中秋和春节、元宵并立为中国三大灯节。虽然中秋赏灯比不上上元节的规模和影响力，但和中秋祭月、赏月一样，赏灯也是中秋佳节的传统习俗之一。

中秋燃灯以助月色。有灯火就有希望，有灯火就有热气腾腾的生活。中秋玩灯，正是中国人乐观生活态度的真实映照，也是源于中国人骨子里的浪漫。

放河灯，祈福幸福安康

平乐古镇，位于四川邛崃市，是我国的历史文化名镇。沿江的吊脚楼、青石铺就的街道、水光山色点映的田园情怀，吸引着四面八方的游客。

有水的地方就有灵气，平乐古镇就有水。发源于天台山玉霄峰的白沫江自西向北流经这里。中秋时节，还没到傍晚，临

放荷灯

江的大排档座位就已经被约满了。随着"放河灯啰,中秋放河灯祈福"的吆喝声四起,江面陆续出现朵朵河灯,仿佛点点繁星。

与其叫河灯,不如叫"荷灯",因为它是依照荷花的样子做成的。河灯看着轻巧,掂在手里却并不十分轻薄,因为河灯的底部是用木板做的,灯体材料则用了防水纸、布绸或者塑料,其"花蕊"中心还置有一根蜡烛。这样的河灯有较好的抗风力,不容易被吹翻。

放河灯也不是汉族人中秋节独有的习俗，蒙古族、彝族、白族、纳西族、苗族、侗族、土家族、壮族等少数民族也有。元宵节、上巳节、七夕节、中元节和中秋节都是放河灯的好日子，其中又以中元节和中秋节最为盛大。只不过中元节放河灯是为了祭奠死去的亲人，寄托哀思之意，中秋节的河灯则多含有祈福的意味，寄托着放灯人幸福、平安、祛病消灾的心愿。

秋风吹起衣衫，皓月高挂，放灯人手托一盏点亮的河灯，在江边对着月亮的方向默默祷告，而后，将它顺着水流的方向放下，任其飘走。那河灯荡漾在水面上，蜡烛一闪一闪，像是听懂了放灯人的祷告一般。

因为南方多河流，放河灯也多在南方进行。宋代《武林旧事》中，就曾有将"一点红"灯放入江中漂流玩耍的记载："此夕浙江放'一点红'羊皮小水灯数十万盏，浮满水面，烂如繁星，有足观者。或谓此乃江神所喜，非徒事观美也。"说的是钱塘江上放水灯的仪式，不知道钱塘江神是喜欢这种羊皮灯，还是喜欢这种仪式感。

江中一抹月色，盏盏河灯蜡光荧荧，于晚风中托着人们的心愿漂荡。

中秋玩灯竖起来

中秋，人们也玩花灯，虽规模比不上元宵节，但有一种颇有新意的玩灯游戏脱颖而出,这就是——竖中秋。

竖中秋,也叫树中秋,是流行于我国广东、港澳等地的传统民俗。明清以后,中秋民俗游戏愈发丰富多样,这其中就包括竖中秋。竖中秋要扎花灯,花灯的种类繁多,无论虫鱼鸟兽,还是兔子、杨桃,或者是最普通的正方形的花灯皆可,扎好后在花灯内置一根蜡烛,然后用绳子系在竹竿上。待到夜幕降临,月亮升起,点燃花灯里的蜡烛,将高杆插在平台、屋顶或者露台的高处,这就是"竖中秋"。"竖中秋"本是想燃灯以助月色,家家户户都高杆挑花灯,若从高处望去,便如繁星点点,和天上明月相映生辉。

最喜欢这种游戏的还是孩子们。大人们也乐意将插高杆的活儿交给孩子们去做,这便有了一番比试。若谁竖的竿最高,谁竖的竿最多,谁插的花灯最出众,谁就算赢了。作为赢家的小孩自然会得到更多的果子饼饵。对于他们来说,这就是最好的中秋节礼。吃饱喝足,孩子们还要提着灯笼到处玩,"灯"与"丁"谐音,中国人看来,"添灯"便有"添丁"之意,看着满地的孩子们和灯玩得这么高兴,大家都十分欣慰。

旧时的广州城,除了玩竖中秋的游戏,还有一种儿童游戏颇为流行。这种儿童游戏的玩具,正是冰心先生笔下的小橘灯。不过,这种游戏的首选并不是小橘灯,而是另一种更大的灯——柚子灯。人们将柚子掏空,在柚子壳上雕刻花纹,再穿上绳子,中间放置一根蜡烛点燃,烛光透过柚子壳,散发出的光芒极其

柚子灯

淡雅。孩子们提着它沿街踏歌而行,他们唱的歌叫《耍禄(灯)歌》:"耍禄仔,耍禄儿,点明灯。识斯文者重斯文,天下读书为第一,莫谓文章无用处,古云一字值千金,自有书中出贵人……"这种游戏,在广州被称作"耍禄仔",后流传到广西南宁一带。广西南宁的孩子们除了玩柚子灯,还耍南瓜灯、橘子灯。因为橘子灯身轻巧易浮,孩子们便把它们当作河灯在河里放灯。

"树中秋"美轮美奂,"耍禄仔"童真烂漫,中秋真是又美又有趣。

烧塔：塔有多红，日子就有多红火

中秋有很多面。祭月、拜月都呈现出一副安静、唯美的面孔；而在仪式之后，人们对月饮酒，去酒肆看戏听戏，酣畅到天明，又玩出了中秋狂欢的感觉。在更广阔的南方乡村，则把中秋的热闹过成了另外一副模样。

在一片广阔无垠的土地上，洋溢着丰收的快乐。夜幕降临，月明星稀，人们烧起一座座宝塔，火光冲天，看着那火树银花，越是烧得红火，人们越是兴奋。这便是至今仍然流传在江西、福建和两广等地的民间祈福民俗——烧塔，也叫烧瓦子灯、烧花塔、烧瓦塔、烧宝塔、烧梵塔。

相传，烧塔源自元末白莲教红巾军在皖北一带的反元起义。元顺帝至正十一年（1351年）八月十五这天，潮汕人为响应起义，于空旷之地用瓦片砌塔，燃烧大火，以为行动信号，斩杀蒙古贵族。从此烧塔便成为中秋习俗传承下来。

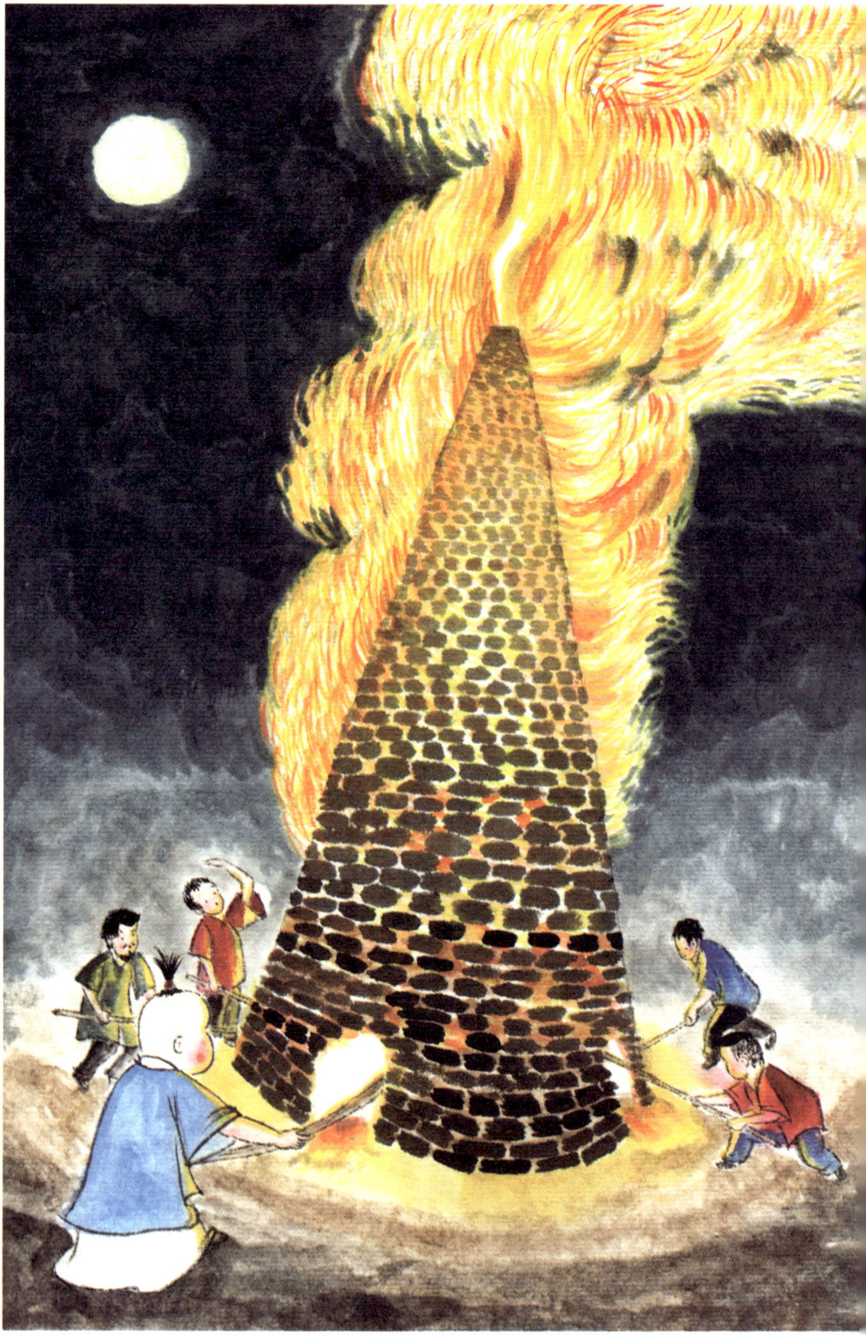

吉安烧塔"三部曲"

江西省吉安市,古称庐陵、吉州,元初取"吉泰民安"之意改称"吉安"。吉安,自古素有中秋烧塔之俗,直到今天,在吉安的很多村落仍然保有烧塔的习俗。

在《中华全国风俗志》中有这样的一段记载:江西"中秋夜,一般孩子于野外拾瓦片,堆成一圆塔形,有多孔。黄昏时于明月下置木柴塔中烧之。俟瓦片烧红,再泼以煤油,火上加油,霎时四野火红,照耀如昼。直至夜深,无人观看,始行泼息,是名烧瓦子灯"。再往前看,清代《吉安府志》曾有这样的记载:"中秋玩月,儿童烧塔为乐。"

可见烧塔的生力军依然是孩子,具体来说,应该是青少年。按照史料记载,烧塔的第一步应该是垒塔。而在垒塔前,要先去收集一些残瓦断砖。残片越多,塔就能堆得越高,所以,捡拾的功夫一定要做在前头,大概从八月初十开始搜罗,到了八月十四的下午,差不多便准备好了。

垒塔也就是从八月十四的下午,最迟在八月十五一早开始。因为宝塔烧起来有冲天的火光,火星四溅,所以一定要搭在开阔的地方。垒塔的也是这群孩子,他们用砖打好一个六边形的基座,留上一个进火口和一个出灰的灶口,上面则用瓦片一层层错缝叠压,越往上越小,最终形成宝塔状。

月上中天,鞭炮声四起,街坊四邻、乡里乡亲都被吸引到塔前来看热闹。讲究的村子还会于正式烧塔前摆设香案，进行一番祭月仪式；另外，还会推选出一名德高望重的主烧人，由主烧人添烧塔的第一把柴火。

烧塔正式开始了。很快，火焰蹿起几尺高，孩子们欢呼着往火口投柴，那火焰不断跳起、上蹿，发出"噼里啪啦"的响声，映得天空一片红光。有人用棍子使劲搅动塔底的灰烬，旁边的人往塔里浇煤油或者酸酒，顿时，宝塔周身通红，像要腾飞的火龙一般，映得四野如昼。整个烧塔仪式达到高潮，四周锣鼓声起，人们围着火塔欢呼、跑跳……

当地的俗话说"烧塔烧塔，越烧越发"，"塔火烧得旺，来年猪牛壮"。作为秋天的大日子，纯朴的村民将烧塔的热烈和日子的红火画上等号。如今，堆塔已经不再靠孩子们捡拾的残片残瓦，人民生活富裕了，塔越搭越高，越搭越大，燃烧的火焰也越来越旺盛。与此同时，烧塔时还有篝火晚会。以吉安刘家坡村为例，"烧塔焰火晚会"已经成为当地的一张"旅游名片"。

烧塔"三部曲"的尾声是封塔仪式。待到午夜时分，最后一把柴火快要烧干，人们也玩得筋疲力尽，此时要再燃起一串爆竹庆贺烧塔活动的顺利完成。至此，这场烧塔民俗游戏完美落下帷幕。欢庆中秋佳节，求取生活幸福，日子一年更比一年红火。

2014年11月，"吉安中秋烧塔习俗"入选第四批国家级非物质文化遗产名录。

舞火龙：当时尚香港遇上传统佳节

从一个落后的小渔村发展成为一个让世界瞩目的国际大都市，香港的繁华举世瞩目。一面是拔地而起、高耸入云的摩天大楼，一面是有故事的历史老街巷、老建筑，香港，于繁华、时尚中不失传统。

其实，在保留传统民俗与传统节庆融合方面，香港一直做得很不错。农历新年，可以逛传统的春节花市，可以欣赏维多利亚港的焰火，可以亲临黄大仙祠祈求平安；每逢端午，有盛大的香港龙舟嘉年华；到了中秋节，除了要赏花灯，一连三个晚上还要在大坑舞火龙。在锣鼓与爆竹声中，近300人舞动着插了逾万枝线香、长达几十米的巨大火龙，大坑一带火光闪烁，非常壮观！

舞火龙的习俗起源于19世纪末的大坑村。据说那时的大坑村在遭遇一次严重的风灾后，流窜出一条大蟒蛇。这条蟒蛇四处作恶，村民们不堪其扰，于是齐心合力捉捕它。终于，蟒蛇被击毙。不料在次日，其尸首竟然不翼而飞，而后，大坑村便暴发了一场严重的疫情。就在大家束手无策之际，村中一位老者忽然梦到菩萨，告知他在中秋节当日舞火龙，瘟疫便可驱散。老者将梦中事告知众人。大家依菩萨所说，于中秋舞火龙，瘟疫果然很快消散。从此，中秋舞火龙的习俗便沿袭至今。

当时的大坑村只是一个小村子，村民们扎起插满香枝的草龙在晚上绕村而舞，消灾避疫。经过100多年的发展，大坑舞火龙的规模越来越大，舞龙人也越来越多。大坑人都说，因为

大坑村"舞火龙"

舞火龙，大坑一直很平安。大家笃信传统民俗，坚定传统信仰，认为祖宗的规矩要继承下来，丢不得。

今天，昔日的小小客家村落，摇身一变成为一个汇集精品餐厅和公寓的时尚社区，但吸引全世界好奇目光的，当仁不让还是首推中秋的舞火龙。每到八月十四下午，围观火龙表演的人已经接踵而至，大家都等待着"火龙出街"的那一刻，感受中秋佳节的这份祥瑞福气。当火龙腾飞起舞，火光点点，光芒四射，便引得众人连声高呼。

火龙好看却不易制作，也不易舞，所以从前在中秋佳节即将来临之时，大坑的村民都要放下手中的活，齐心协力扎火龙。年轻力壮的小伙子也要加紧训练舞火龙，从"火龙过桥"到"火龙缠双柱"，从"彩灯火龙结团圆"到"起结龙团"，每一次挥舞，每一次奔跑，都凝聚了大坑人齐心协力的心血。所以，在今天的舞火龙表演中，还有这样一群特殊的观众，他们也曾是大坑的居民，后来搬至别处。中秋舞火龙于他们而言，不仅是童年的欢乐记忆，更是一份乡愁，一份亲情，一份故土难离的眷恋。

2011年，大坑舞火龙入选第三批国家级非物质文化遗产代表性项目名录。如今，火龙已经舞出大坑，成为香港一张极富传统色彩的文化名片。

香港作家及历史研究者陈天权曾说，舞火龙活动是否能持续下去，关键要看年轻人是否愿意继承老一辈人遵从的传统。而大坑舞火龙不仅受到村人的热爱，也受到了政府重视，所以才能延续至今,且越来越盛大,鼓励了更多人参与盛事。

百年薪火相传,大坑舞火龙承载的是香江儿女浓浓的相思情、家国情,和我们在中秋之夜期盼阖家团圆,憧憬幸福生活的愿景是一样的。不能丢的是传统文化的精神内核,能突破的却是演绎的方式。近些年,"LED火龙"走进香港闹市。火龙焕发出新的生机,既是对传统文化的传承与发展,从另一个意义来说,更是对它的爱敬和保护。

九子斗蟋蟀，多子又多福

"七月在野，八月在宇，九月在户，十月蟋蟀入我床下。"

《诗经·七月》让我们感到凉凉秋意，那蟋蟀的长鸣就是最动人的秋之恋曲。

蟋蟀，亦称促织，俗名蛐蛐、夜鸣虫、将军虫、斗鸡、灶鸡子、孙旺等，是一种短命的秋虫，从出生到死亡，不过百日光景。蟋蟀寿命虽短，却有一项大本事——善斗。当我们的祖先发现这个秘密后，便开发出它们的巨大潜能，斗蟋蟀（斗蛐蛐）成为旧时流行在王公贵族及市井百姓间的一项长盛不衰的秋日游戏。

中秋，斗蟋蟀的好时节

老玩家都知道，蟋蟀一般要从处暑开始捉，白露开始斗，中秋前后正是蟋蟀市场最兴旺的时候，也是斗蟋蟀的最好时节。蟋蟀的价格会随着时令而波动，晚清文人富察敦崇在《燕京岁

斗蟋蟀

时记》中记载:"京师五月以后,则有聒聒儿沿街叫卖,每枚不过一二文……七月中旬则有蛐蛐儿,贵者可值数金(有白麻头、黄麻头、蟹胲青、琵琶翅、梅花翅、竹节须之别),以其能战斗也……"

蟋蟀中的"战斗机",一只能抵千金,这可不是传说。直到今天,在中秋时节前往斗蟋蟀胜地——浙江台州天台区,那些个头大、后腿又强壮的蟋蟀的确能卖出几千元甚至几万元的高

价。千金难觅蟋蟀王,中国人对斗蟋蟀的痴迷竟到了这种地步。

天台的斗蟋蟀,相传和济公有关。济公和尚虽然嗜好酒肉,举止似痴若狂,但却喜好打抱不平、扶危济困。

1959年,上海美术电影制片厂出品的剪纸动画片《济公斗蟋蟀》堪称一部经典之作。这部动画片就讲述了济公和尚暗中相助,让一只蟋蟀斗败大公鸡,令张狂公子赔了屋子又丧命的故事。

千百年来,天台百姓为了纪念济公和尚彰善惩恶,年年中秋都斗蟋蟀。在当地,斗蟋蟀被称作"打油奏"。2012年,天台"打油奏"被列入第四批浙江省非物质文化遗产名录。

相斗取乐,还能求个多子多福

身处南方山水神秀之地的浙江天台人擅斗蟋蟀,每逢中秋佳节,老北京人也要聚在一起斗蟋蟀。北京有句老话说,"老北京一乐,中秋斗草虫"。从前的北京城盛产蟋蟀,出了四九城就能找到。明《帝京景物略》中讲道:北京永定门外五里有个胡家村,那里产的蟋蟀特别好,"矜鸣善斗,殊胜他产"。捉到蟋蟀后,要用瓦罐或者陶罐养起来,喂食饭粒、西瓜皮和丝瓜花,在正式参加比赛前,还要进行一场自家的选拔赛,挑选出本家最厉害的"猛将"出征鏖战。

虽然明清时期,以北京为代表的斗蟋蟀比赛十分风靡,甚至还出了一个明朝的"蟋蟀皇帝"——朱瞻基。皇帝竟然和宫女、太监在一起斗蟋蟀,可谓鼎盛一时。"斗蟋蟀"一俗始于唐,兴于宋,最早是自宫中流行的一种既高雅又高端的游戏,宫里无论帝王、妃嫔,还是宫女、太监,几乎人人会斗,个个是能手。南宋时期出了一位"蟋蟀宰相"贾似道,浙江天台人,不仅是斗蟋蟀的玩家,还为此编撰了一本《促织经》的心得。既然是比赛,就要一较高下,分出胜负,自然有赏。虽然最终取胜的蟋蟀很有可能是花大价钱请来的,但奖品与之相比却十分不起眼,不过是中秋节最常见的月饼、花糕和时令水果。可见,中秋斗蟋蟀一开始并不是一场为求重金奖励的比赛,而真正是一种求取乐子的游戏。

因为蟋蟀多子,民间还将斗蟋蟀与求子求福联系在一起。在一些以"儿童斗蟋蟀"为主题的年画中,出现了"二子斗蟋蟀""三子斗蟋蟀",甚至"九子斗蟋蟀"的年画,蕴含着人们渴望多子多福的美好心愿。

只是到了后来,有人开始用斗蟋蟀来设赌局,有人为此大打出手,甚至赔光身家。

斗蟋蟀的确可以玩得很雅,也可以玩得很俗。正如宋代顾逢所说:"微虫亦可伤,何事苦争强。百胜终归死,一秋空自忙。吟残庭际月,冷怯草根霜。不入儿童手,谁能较短长。"

钱塘江畔观秋潮

钱塘江大潮,自古以来被称为天下奇观。

那条白线很快向我们移来,逐渐拉长,变粗,横贯江面。再近些,只见白浪翻滚,形成一堵两丈多高的水墙。浪潮越来越近,犹如千万匹白色战马齐头并进,浩浩荡荡地飞奔而来;那声音如同山崩地裂,好像大地都被震得颤动起来。

霎时,潮头奔腾西去,可是余波还在漫天卷地般涌来,江面上依旧风号浪吼。过了好久,钱塘江才恢复了平静。看看堤下,江水已经涨了两丈来高了。

——赵宗成、朱明元《喜看今日钱塘潮》

这段被选进小学课本的《观潮》,描述了一年一度钱塘江大潮的壮观景象和观潮盛况。自古以来,每逢中秋前后,钱塘江上风起云涌,观潮,是浙江人民千百年来沿袭成俗的中秋盛事。

钱塘江中秋弄潮

大家都知道天下奇观——海宁潮。如今提到钱塘江观潮地,自然首推海宁。但其实,海宁并非最早的观潮网红地。

成名于宋代的钱塘潮

  天下秋潮,其实并不单单只在钱塘。自古以来,山东青州涌潮、江苏广陵涛(如今江苏扬州一带)和浙江钱塘潮是我国历史上三处著名的涌潮。春秋时期,青州涌潮最负盛名;汉至六朝,广陵涛受到青睐;而唐宋以降,则推钱塘潮。清代诗人费锡璜在《广陵涛辩》中也是如此陈述的。

  钱塘潮虽然成名较晚,但其观潮风俗的历史却并不短。汉代枚乘在《七发》中就已经有了关于观钱塘秋潮的记述，只不过那个时候，人们对钱塘潮的畏惧还远远大于期待。钱塘潮一来，生灵涂炭，百姓遭殃，这样的"洪水猛兽""可远观而不可亵玩焉"。当时的人们也完全不会想到每年一度的惊涛骇浪，是因为天体引力和地球自转的离心作用，加之杭州湾喇叭口状的特殊地形造成的特大涌潮。于是，各种揣度、传言不胫而走，有人说钱塘潮之所以凶猛，是因为伍子胥遭奸人算计，蒙冤而死，这是他在发泄怨愤和怒火。于是，每当钱塘涨潮，便有人祭祀伍子胥。这样的说法也有人不同意，东汉思想家王充就说："怨恚吴王，发怒越江，违失道理，无神之验也。"意思是说，若说伍子胥怨怼吴王，却要偏偏跑到越国地界的钱塘江来撒气，这是说不通的。

于是，风向随之一变，既然避免不了钱塘江"发怒"，那不妨感受下这撼人心弦的声势。钱塘江潮天上来，宋人吴自牧的《梦粱录》有载："起始之时，微见远处如白带一条迤逦而来，顷刻波涛汹涌，水势高有数丈，满江沸腾，真乃大观也。"

在大画家顾恺之眼中，它是"临浙江以北眷，壮沧海之宏流"；在诗人孟浩然眼中，它是"惊涛来似雪，一坐凛生寒"。诗仙李白也曾赋诗："浙江八月何如此？涛似连山喷雪来。"诗人刘禹锡的描述更是精妙："八月涛声吼地来，头高数丈触山回。"讲的是这八月中秋的钱塘潮呼啸而来，触山而退，真可谓活灵活现。要说将这钱塘潮推上"C位"的功臣，还是苏东坡。

在宋神宗熙宁六年（1073年）的中秋，时任杭州通判的苏东坡见钱塘江上汹涌澎湃，忍不住写下《八月十五日看潮五绝》，感叹要"夜潮留向月中看"。那浪潮有多高呢？苏东坡将之形容为"越山浑在浪花中"。他感慨吴越男儿虽然生在江边，多习于水，但也怜惜他们因贪得利物，冒险踏波而不知警戒："吴儿生长狎涛渊，冒利轻生不自怜。"

苏东坡笔下提到的，正是自宋代开始流行的一种竞技类的体育活动——弄潮。弄潮大概是极具观赏性的，南宋周密在《武林旧事》中对中秋弄潮有精彩描述："善泅者数百，皆披发文身，手持十幅大彩旗，争先鼓勇，溯迎而上，出没于鲸波万仞中，腾身百变，而旗尾略不沾湿。"数百弄潮好男儿披发文身，手持十幅大彩旗，迎着浪潮而上，在波涛中翻滚跳跃，却能令彩旗的尾巴不沾上浪花……仅是想象这样一幅画面，都会令人感觉肾上腺素飙升，难怪"古今第一有趣灵魂"的苏东坡都不禁为他们捏了一把汗。

一票难求——六和塔观潮

当然，观潮虽然带感，也并非都是这么刺激的。比如南宋年间，六和塔刚一问世，便一跃成为观潮的最佳地。时至今日，六和塔观潮依然是当仁不让的中秋"爆款"，一票难求。追溯至800多年前，六和塔更是在中秋期间成为杭州城的"新闻中心"，

六和塔观潮

甚至凭借一己之力大大拉动了中秋的"GDP"。《梦粱录》曾记载,杭城人"自十一日起,便有观者,至十六、十八日倾城而出,车马纷纷……自庙子头至六和塔,家家楼屋,尽为贵戚内侍等雇赁作看位观潮"。

不仅是六和塔,六和塔外围以及沿线也跟着身价飙升,成为红极一时的黄金地段。堵车什么的自不必说,景区内的物价也是翻了几番,可谓万人空巷,盛况空前。

明代以后,随着江道弯曲,潮势东移,海宁盐官镇逐渐成为新的观潮"C位"担当,但六和塔仍然是中秋节观江潮、赏月的一块宝地。

六和塔因潮而生,闻名天下。天地四方,万千气象,凭栏凝视,听涛入耳,西湖十景"六和听涛"非同凡响。

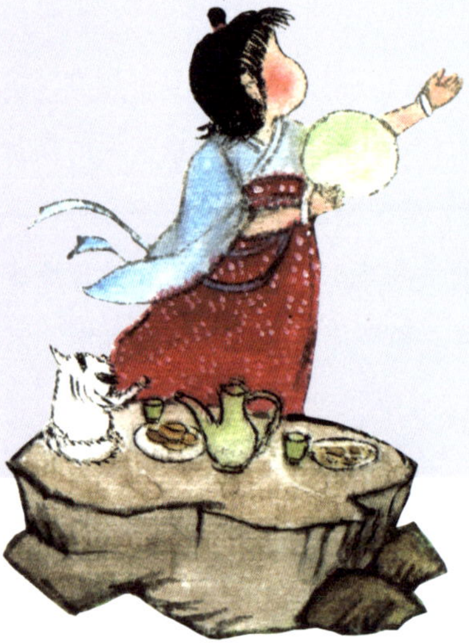

第三章 中秋的味道

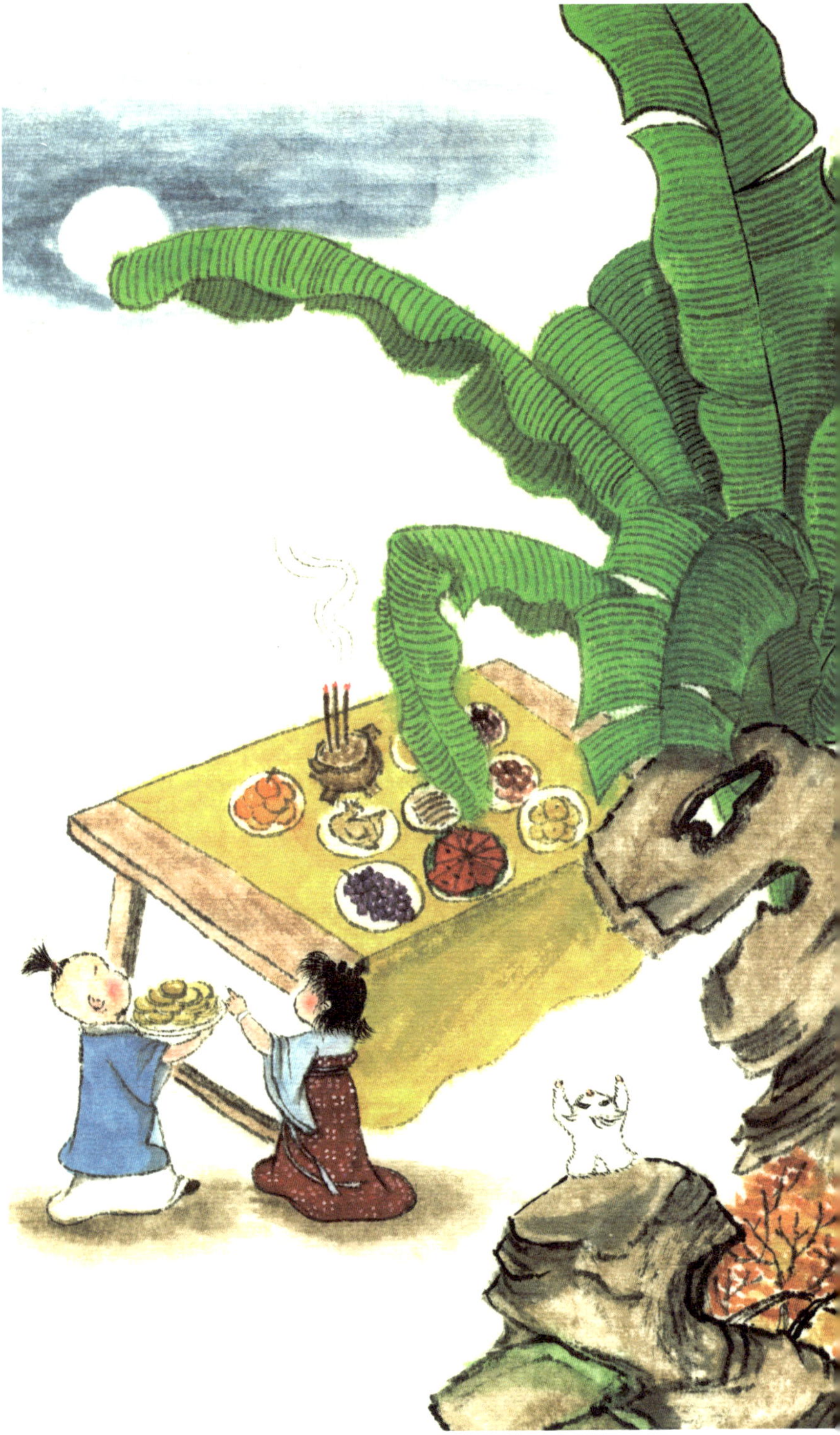

月圆，人团圆。

中国人习惯借助饮食来表达和呈现美好生活。在这美好的月圆之夜，每一道带着家的味道的食物，正是慰藉每一个游子思乡心切的良药。食物，承载着团圆的味道，还有美好的生活愿望。

"每逢佳节胖三斤"。中秋节，没有理由不让你胖。中秋正值秋天，一个收获的季节，各种物产、吃食正丰富，月饼、团圆饼应接不暇；河鲜、海鲜琳琅满目；各种瓜果时蔬也上市了……丰收的喜悦透着充实和富足感。

中秋节的团圆饭自然有鱼有肉，应季时蔬也要入席，还有一道特殊的食物，就是螃蟹。"是时螯蟹新出"。中秋吃蟹，正好。

中秋的味道，是丰收的味道，是团圆的味道，是家的味道。

月饼是怎样"长"成的

转眼间,又是万家灯火团圆夜。古往今来,人们要为这一天的欢聚提前数日做准备。从前,它是这一天餐桌上的主角,今天,它依然是人们阖家团圆、走亲访友必不可少的佳节礼物。把包裹馅料的面团放入不同的木制模子里,印上吉祥的图案,这就是中秋节的专属美食——月饼。

如今,市面上的月饼品类繁多,有人偏好苏式鲜肉,有人喜欢广式莲蓉,有人年复一年地吐槽五仁月饼,也有人独独偏好五仁味儿。中国每个地区的月饼都有自己的特色,无论有多少独门绝技,无论包装设计、营销方式如何更新换代,最终的落脚点依旧是中秋佳节。在这一天,和家人共赏明月,共享月饼,是中秋佳节的传统文化,不仅有来自味蕾间的满足,更有温暖的感觉。月饼,就像一

各式月饼

中秋吃月饼

块亲情黏合剂，将乡愁和向往通通收进心里。这一回，是月饼代表我的心。

不可不知的月饼往事

月饼，又称胡饼、宫饼、小饼、月团、团圆饼等，在中国有着悠久的历史。

月饼和中秋不是一起诞生的，月饼最初也不是现在的样子。月饼界的"始祖"，诞生在距今3000多年前殷商时期的江浙一带，当时出现了一种纪念太师闻仲的饼，名为太师饼。据说，这种饼有皮儿也有心，边薄而心厚。另有一种说法是，月饼自周代而起，最初是周王祭祀月神时的供品，所以叫作月饼。

到了汉代，张骞出使西域，从西域带回来芝麻、胡桃，人们发现胡桃仁炒成馅料后格外香，于是开始用胡桃仁做馅制饼，取名"胡饼"。

唐代，民间已经有了专门做饼的师傅，长安城中也出现了糕饼铺，胡饼成为长安城街市上的常销款饼子。彼时，虽然还没有正式形成中秋节，但唐朝的皇帝喜欢在八月十五赏月，设宫宴，喝酒玩乐通宵达旦。传说，有一次，名将李靖征讨边寇于中秋节胜利归来，唐高祖李渊设宴为他接风洗尘。席间，有胡人献上胡饼祝贺，唐高祖指着明月笑道："应将胡饼邀蟾蜍。"而后，将胡饼分赐群臣共食。另有一则传说是，某一年的中秋夜，玄宗与杨贵妃边吃胡饼边赏月，完美主义者李隆基嫌弃"胡饼"这个名字不够文艺，贵妃望了一眼明月，脱口而出："月饼"。

当然，这只是两则民间的传说。事实上，唐代的中秋节还只是流行于宫廷间的小范围的"高层娱乐"，没有形成气候，更谈不上固定的节令食物。但有历史学家研究指出，月饼的诞生为隋大业十三年（617年）八月十五日，唐军裴寂以圆月为构思，发明月饼，并广发军中作为军饷，成功解决因大量吸收反隋义军而衍生的军粮问题。

宋代，出现了越来越多种类和花色的饼。而当时，"饼"并不是现在的饼子的意思，而是面食的总称。北宋黄朝英说，饼有"烧饼""汤饼""笼饼"三类，其中用火烧而食

胡饼

之的,称为烧饼。按照这个解释,胡饼应是一种芝麻烧饼。苏东坡说:"小饼如嚼月,中有酥与饴。"从那个时候起,已经有了用油酥和糖做馅料的饼,跟后来的中秋月饼做法已经很接近了。

芝麻烧饼

南宋时期,月饼这个名字终于以白纸黑字的形式出现。周密的《武林旧事》和吴自牧的《梦粱录》中都有关于"月饼"的记载。《武林旧事》列出的临安城50多种蒸食中就有包括月饼在内的面食。除此之外,还有荷叶饼、芙蓉饼、烧饼、胡饼、春饼、糖饼等等。《梦粱录》中也提到了芙蓉饼、菊花饼、梅花饼、月饼等小食点心,说"市食点心,四时皆有,任便索唤,不误主顾"。由此可见,月饼作为一种吃食,任何季节都有卖的,并非单一中秋节令吃食,而是一种常销的小吃。

到了明代,月饼终于和中秋节挂上钩,出现了大量有关于月饼的记载,说月饼只在中秋节吃,形状为圆形,赋予了团圆的寓意。而且,饼师们也开始将嫦娥奔月之类的神话故事做成图案,印在月饼上,更好地将中秋节和月饼联系在一起。明代文学家田汝成在《西湖游览志馀》中写道:"八月十五谓之中秋,民间以月饼相遗,取团圆之意。"史学家沈榜在《宛署杂记》中介绍北京中秋时,描述了当时的"天价月饼":"造面饼相遗,

卖月饼

大小不等。饼中以果为馅，巧名异状，有一饼值数百钱者。"可见，当时的月饼有大有小，而北京偏好用果仁果脯做馅，形状多种多样，有的月饼可卖到几百钱的高价。可见当时的京城，无论是馅料的选材、制作的工艺，甚至月饼的尺寸、图案的雕琢，都达到了很高的水平。

及至清代，中秋吃月饼已经成为非常普遍的民间习俗，月饼的制作工艺也越来越高。也是从清代开始，月饼形成了京、津、

苏、广、潮五种风味系列。清人杨光辅在《淞南采府》中写道："月饼饱装桃肉馅，雪糕甜砌蔗糖霜。"可见月饼的样子和现在越来越像了。

现在，无论想吃酥皮冰糖馅的京式月饼还是皮薄松软、造型精致的莲蓉馅广式月饼都很容易实现。巧克力、冰激凌、奶酪……中国传统月饼加入些西式元素，又吃出了另一番不同的味道。

也许工艺在变，也许口味在更迭，也许花样在翻新，但月亮还是那个月亮，中秋还是那个中秋，月饼始终是中国的月饼，只有在特定的氛围里，才能吃出传统佳节的深意。

关中团圆馍，吃不腻的五仁月饼

年年中秋说月饼，年年五仁被奚落。这让五仁月饼很受伤，"为什么年年被黑的总是我！"

其实，五仁月饼出身高贵，作为最老派的广式月饼经典款，曾经名噪一时。所谓"五仁"，是用杏仁、花生仁、核桃仁、芝麻仁、瓜子仁掺合在一起，营养价值很高，如今却成了现代人眼中的"黑暗料理"。其实，这都是被一些不良商家给带偏了。正宗的五仁月饼选料上乘，香酥可

团圆馍

口，满嘴留香。至今仍然有中秋做团圆馍、吃团圆馍风俗的关中人，一直是五仁馅料的忠实粉丝。

在月饼的"改革"史中，关中人的创新自成一派，他们做的月饼样子独特，风味奇佳，取名也新颖，叫"团圆馍"。

团圆馍的馅料很多，以五仁为主，加入盐和五香粉拌匀碾碎，馍的边要刻意拧成花边，一是为了好看，二是为了锁住馅料，三是寓意全家拧成一股绳。调好馅料，像包包子一样将团圆馍捏起来，再一按压。从外形上看，做得小的就像一个小饼子，称为小团圆馍，定数不限。而中秋节的重头戏，是大团圆馍，就像今天的大饼。最独特的是团圆馍并没有模具，为了好看，聪明的关中人想到了用身边最常见的生活物件。比如，用梳子给饼上压出花纹，或者用妇女们做针线活少不了的顶针，再或者是用半个核桃，摁下一个个印儿来……这样的工具代代相传，成为人们共有的中秋记忆。

做好的团圆馍一定要等到月圆之夜才拿出来。一家人围聚在院子里，待月亮出来后，先以团圆馍等祭月，而后，长辈会将团圆馍按照家里的人口等分。即使有人不在家，也会为他留下一块。有的关中人家在做大团圆馍时，还要在面

五仁月饼

上装点一棵雪蒿，看上去，就像月宫的桂树一样。

匀称的花边、鼓囊囊的饼肚子、焦黄色的饼皮，咬上一口，满嘴的酥、脆、香，"花馍圆又圆，全家来团圆"。如今，中秋节的月饼款式越来越多，年轻人已经不满足于五仁团圆馍的味道，甚至每年都要吐槽一次五仁馅料，会做团圆馍的年轻人也越来越少。但对于上了点年纪的关中人来说，做团圆馍、吃团圆馍，却是难以磨灭的幸福记忆。这道团圆馍已经不单单是中秋的应节食物，而是一种记住幸福、提醒幸福的方式。

大团圆馍在中间，周边围上一圈小的团圆馍，就像儿孙们围绕着老人。对于中国人而言，还有什么比团圆更幸福呢？

且饮一杯桂花酒

八月中秋,桂花遍地香。白居易说:"偃蹇月中桂,结根依青天。天风绕月起,吹子下人间。"(《庐山桂》)杨万里也赞它并非凡物:"不是人间种,移从月中来。广寒香一点,吹得满山开。"(《芗林五十咏·丛桂》)吕声之又叹道:"独占三秋压众芳,何咏橘绿与橙黄。自从分下月中种,果若飘来天际香。"(《咏桂花》)

文人雅士眼里,桂花,不似俗物,桂香,更是清丽脱俗,犹如天外之物。百姓口中,桂乃百药之长,更有富贵吉祥、子孙昌茂之意,用桂花制酒能达到"饮之寿千岁"的功效。中秋佳节,且饮一杯桂花酒,生活甜蜜,幸福绵长。

关于桂花酒的美丽传说

秋风漾起,桂子纷纷点玉壶。斟一壶桂花蜜酒,就一口月饼,望着天上明月,一时竟然感慨今夕是何夕。

中秋

仙酒娘子

  品酌良饮,也牵出了一段美丽传说。相传很久以前,有一位仙酒娘子有一手超高的酿酒手艺,经她的手酿出的酒总是格外醇美。这位娘子的手艺并非家传,而是拜天人所赐。有一年冬天,仙酒娘子发现家门口躺着一位快要冻死的男子,便将他背回家悉心照顾,那男子身体向好后,竟不辞而别。仙酒娘子放心不下,出门寻找,却在山坡上偶遇一白发老人,直喊口渴。

娘子身上并没有带水，情急之下咬破手指塞进老人口中，让其饮血止渴。就在此时，天上飘来一只黄布袋子，里面有许多娘子没有见过的种子，还有一张纸条写着"月宫赐桂子，奖赏善人家"。原来，那男子和老人都是常住月宫的仙人吴刚化身的。娘子将种子带回家，种满庭院。第二年秋天，开出了香甜的桂花。娘子用其泡酒，启坛时，色泽鲜亮，清香四溢，街坊四邻都被吸引而来，并赞她为仙酒娘子。

人间的桂花来自月宫，开在中秋。从此，每逢中秋佳节，桂花酒总和月饼一起出现在各家宴席上。明月、月饼、桂花酒，三桩美事，良夜好梦。

酿一坛桂花酒，赴一场中秋雅集

桂花香在江南。每逢中秋前后，老苏州人总会用洗干净的大被单铺在桂花树下，一场风过，金黄的花瓣纷纷飘落。将桂花收拢起来，取出一个玻璃瓶子或者一口老坛子，将桂花浸泡在糖水或者酒水里。这用糖腌制的，就是桂花蜜；用酒泡制的，则是桂花酒。

杭州人也爱桂花，位于西湖以南的满觉陇是赏桂绝佳地。秋来风起，几场秋雨落下，桂花便在枝头挂不住了。落花的时候，似下起一场桂花雨，香气几乎要甜醉整条山谷，因而有了"满陇桂雨"的美誉。若是兴致来了，也可以收集些花瓣酿酒备

登山赏月

用。桂花酒香不易得,想要饮到上等的桂花佳酿,是一定要有耐心的,等上两年,甚至三年都是常事。

遥想当年,文人雅士定会在中秋之夜,携一坛桂花酒,或邀人登山赏月，或应约赴宴，赋诗对词，抚琴弹唱，必以佳酒助兴，酣畅整夜，留下无数佳作。

而今，亦可效仿古人，在中秋佳节酿造一坛桂花酒，或以薄酒佳肴待客，共度良夜，也可拟屈原"援北斗兮酌桂浆"之风貌，得白居易"绿蚁不香饶桂酒"之妙。

吃过螃蟹,百样无味

高天流云,菊黄桂香,秋风一吹,长毛的蟹脚便开始按捺不住。有句老话说:"秋风响,蟹脚痒。"蟹脚真的会痒吗?恐怕还是人们肚子里的馋虫在挠痒痒吧!

我国是产蟹大国,蟹的种类多达600余种,分淡水和海水两大类。常言道,吃蟹要吃对季节,否则食之无味。中秋吃的正是最有名的淡水蟹——大闸蟹,俗称河蟹、毛蟹,或清水蟹,富含蛋白质和氨基酸的大闸蟹大概是最受中国人欢迎的美食之一。最著名的莫过于阳澄湖大闸蟹。一盘清蒸大闸蟹,配上生姜和香醋,往往成就中秋团圆宴上的点睛之笔。

吃湖蟹还是要下江南。过去,中原地带的平民百姓没有见过湖蟹,还曾把螃蟹当作怪物。宋代沈括在《梦溪笔谈》中就说了一桩笑事:关中因为不产螃蟹,当地人都没有见过。秦州人家收得干蟹,觉得样子恐怖,以为是怪物,家里人有生病的,就拿去挂门上,病竟然就好了。于是,好好的美味竟然被当成了驱病除魔的恶神。沈括不免为之遗憾。

但是，懂蟹的人亦不在少数。比如，宋代陶穀所撰的文言小说《清异录》中有记载："炀帝幸江都，吴中贡糟蟹、糖蟹。每进御，则上旋洁拭壳面，以金镂龙凤花云贴其上。"足见隋炀帝对吴中蟹青眼有加。唐代唐彦谦写《蟹》："充盘煮熟堆琳琅，橙膏酱渫调堪尝。一斗擘开红玉满，双螯啰出琼酥香。"蟹之鲜美跃然纸上。宋代杨万里也赋诗赞美蟹："横行湖海浪生花，糟粕招邀到酒家。酥片满螯凝作玉，金穰熔腹未成沙。"（《德远叔坐上赋肴核八首糟蟹》）任何时候都不会放弃美食的大"吃货"苏东坡称蟹为"尖团"，"堪笑吴兴馋太守，一诗换得两尖团"（《丁公默送蝤蛑》）。

明末清初的生活家李渔更是一个螃蟹爱好者，人称"蟹仙"。他在《闲情偶寄》中说这人间极品是"鲜而肥，甘而腻，白似玉而黄似金，已造色香味三者之至极，更无一物可以上之……独于蟹螯一物，心能嗜之，口能甘之，无论终身一日皆不能忘之，至其可嗜可甘与不可忘之故，则绝口不能形容之"。李渔对蟹的热爱简直到了忘情的地步。

相比之下，清代袁枚的笔触乍看上去就比较平常了，他在《随园食单》中提到："蟹宜独食，不宜搭配他物。最好以淡盐汤煮熟，自剥自食为妙。蒸者味虽全，而失之太淡。"寥寥几句，看似并没有将蟹捧上天，实则句句都在暗示，吃蟹要专一，要淡盐淡煮，不可喧宾夺主。

一等的食材，就是要保留其天真本分，回归本源，返璞归

右手持酒杯，左手持蟹螯的毕卓

真。这一点，明代名家张岱就已经在《陶庵梦忆》中有过阐述："食品不加盐醋而五味全者，为蚶、为河蟹。河蟹至十月与稻粱俱肥……掀其壳，膏腻堆积，如玉脂珀屑，团结不散，甘腴虽八珍不及。"已经是上上美味，难怪说食过螃蟹，百样无味。

吃蟹，不仅是秋天的饕餮盛宴，更是一桩雅事。中国人吃蟹历史已久，盛产肥蟹的江南更是在吃蟹这件事上可劲儿的"作"。都说魏晋风流，那么在吃蟹这件事上他们是如何表达的呢？《世说新语·任诞》记载，晋代有个叫毕卓的人，"右手持酒杯，左手持蟹螯，拍浮酒船中，便足了一生矣"。有酒有蟹，可慰余生。

后世的文人雅士纷纷效仿，将吃蟹、饮酒、赏菊、赋诗作为仲秋时节的风流美事，大快朵颐、呼朋唤友，纵情其间，渐渐发展成为有品头、有诗意，美味与文化味俱佳的中秋螃蟹宴。《红楼梦》第三十七回至第三十九回，描写的就是众人齐聚藕香榭赏菊、开螃蟹宴的场景。然而这螃蟹宴可不是谁家都能开得起的。

首先，这是有钱人的游戏。刘姥姥算了笔账："一斤也就称两三个的大螃蟹，三大篓，七八十斤。一斤就值五分。十斤五钱，五五二两五，三五一十五，再搭上酒菜，一共倒有二十多两银子。阿弥陀佛，这一顿饭的钱够我们庄稼人过一年了。"换句话说，螃蟹宴等于炫富。但若只是炫富，未免也显得太粗鄙太俗气了。

再看看如何吃螃蟹。凤姐儿要水洗了手，"站在贾母跟前剥蟹肉。头次让薛姨妈。薛姨妈道：'我自己掰着吃香甜，不用人让。'凤姐便奉与贾母。二次的便与宝玉。又说：'把酒烫得滚热的拿来。'又命小丫头们去取菊花叶儿桂花蕊熏的绿豆面子来，预备洗手"。这段交代了螃蟹宴时正是菊花、桂花盛开的金秋，用花香去蟹的腥味，绿豆粉可除油腻，真真是行家。

凤姐还说："螃蟹不可多拿来，仍旧放在蒸笼里，拿十个来，吃了再拿。"又命"把酒烫得滚热的拿来。"交代了螃蟹性寒，姜、醋、温热酒，一样不能少。蟹虽是上等美货，但不可贪多。像林妹妹这样身体虚寒之人，更是不宜沾染。所以黛玉只是吃了一点夹子肉，便放下筷子，拣了一个小小的海棠冻石蕉叶杯准备饮酒。丫头忙着走上来斟，黛玉却道："你们只管吃去，让我自斟,这才有趣儿。"这样一份雅趣,黛玉自然是不喜旁人打扰的。

蟹极其肥美,可并非每个部位都能吃。蟹黄、蟹肉,自然是精华,但蟹胃、蟹心、蟹腮、蟹肠是断断不可食的。

吃蟹的余兴节目也是重头戏。宝玉提议作诗。于是各人赋诗,有菊花诗,有螃蟹咏,佳作迭见。

既然吃蟹俨然已成为一种文化享受,那便不得不提到蟹八件。据记载,明代初创的食蟹工具有锤、镦、钳、铲、匙、叉、刮、针八种,也就是腰圆锤、小方桌、镊子、长柄斧、调羹、长柄叉、刮片、针,称之为"蟹八件"。对现代人来说,蟹八件真是雅致得有些过分,这样秀气内敛的吃法比起快意的"武吃"而言,的确称得上"文吃"。

无肥蟹,不中秋!持蟹赏菊,把酒问月,才是真的美。

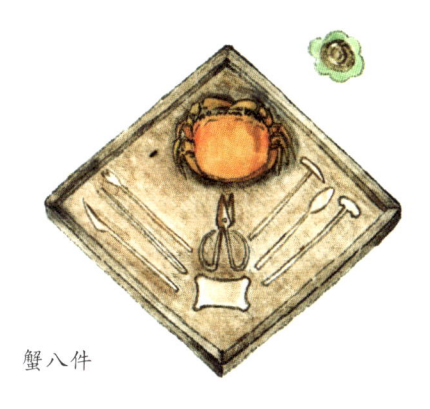

蟹八件

挖藕采菱中秋忙

一口炸藕盒，一口脆菱角，是多少南方人的中秋味道记忆？

中秋，正是荷藕收获的季节。"接天莲叶无穷碧"，密密匝匝半人高，还有星星点点的荷花在开放。风吹荷动，香沁心脾。划一艘小船，往荷塘深处去，那里，是莲藕丰收的地方。

藕虽好吃，采藕却很辛苦。职业采藕人工作强度大，往往在荷塘里一扎就是十数个小时，所以要穿上一种橡胶制的衣服，既可以防水，也可以防晒。也有人直接挽起裤腿就下了荷塘，水浅的地方也会没过膝盖，水深的地方足足可以淹过半截身子，每行动一步都很费劲，更别说找藕挖藕了。

藕埋在泥下看不见，到了荷叶密集的地方，先要用脚去试探，有经验的采藕人单凭脚感就能判断出藕的大小和长势方向。找到藕后，顺着藕的方向，将周边的泥一点点拨开，用脚使劲往上钓，再用双手去慢慢拽，直到将整节藕拽出来。藕不能断，也不能进淤泥，因为破了卖相就卖不出好价钱。整个采藕过程无法借助任何机械设备，全靠脚力和手力。采藕就像是在寻宝，

采藕

要有耐心和技巧，是一项辛苦的体力活，也是一项技术活。

　　过去，人们挖到藕首先想到的不是吃，而是祭月。祭月的藕更有讲究，要越长越好，枝节越多越好，最重要的是，藕不能断，必须是完整的一根。那些又长又白、粗如手臂的莲藕卖相是最好的，最适合用来祭月。在今天的江苏盐城等地，依然保留有中秋以藕祭月之俗。当地人说，藕断丝还连，希望自己和家人团团圆圆，永远不分离。也正是因为藕丝缠绕，如同爱恋纠葛一般"剪不断理还乱"，再加上"藕"与"偶"同音，所以，中秋以藕祭月神、食藕，自然也就成为少女们祈祷爱情婚姻幸福美满的法宝，藏着她们关于爱情的小小心愿。

如此看来，中秋食藕，暗藏玄机，有团圆的祈愿，也有爱情的憧憬。除此之外，对健康的确大有裨益。

中秋时节，虽已立过秋，早晚会凉快一点，但是"秋老虎"依然凶猛，加之空气干燥，人也容易烦躁不安，所以要吃点润燥的食物，消解秋燥。李时珍说藕是"灵根"，味甘、无毒。中医也认为，生藕性寒，能清热除烦，有凉血止血散瘀之功效；熟食有健脾开胃、益血生肌、止泻、滋养强身、清热润肺等功效。

关于吃藕，各地有各地的地道风味。江浙人中秋爱吃藕盒子。将藕切薄片，每两片藕间下端相连，用筷子将肉馅夹入藕中，使其分布均匀，再将藕夹放入面浆，挂上面糊，进温油中炸至双面金黄，可以叫作藕饼，也可以叫藕盒子。

中秋一到，洪湖的莲藕也准时"上线"了。洪湖莲藕天下驰名，自古就有"长江的鱼，洪湖的藕，才子佳人吃了不想走"的美誉。作为湖北省特有的莲藕品种，洪湖莲藕已有 2300 多年的种植历史。洪湖的水浪打浪，肥沃的青泥藏藕王。湖北人食藕，习惯吊汤。经文火慢炖的洪湖莲藕，绵软细腻，一口咬下，拉出长长的丝来。莲藕的粉绵、藕汤的浓香，让人吃过一次便不能忘。从中秋到次年 3 月，都是洪湖产藕季，湖北人的餐桌，

自中秋始，隔三岔五便会端上一锅藕汤，越是寒凉的秋冬，越是离不开它。藕是美食，藕更是生活。

最有意思的还属合肥人吃藕，他们吃的藕偏偏拉不出丝来，叫作"无私藕"。据说铁面无私的包公晚年时，宋仁宗曾想要把半个合肥城都封赏给他。包公不愿意受赏，一再推诿。最后，宋仁宗将一段护城河封赏给他，并且说，再不领赏就以抗旨论。包公无奈，只好领赏，但心里又很不安。他看到护城河里广植莲藕，便规定，河藕许吃不许卖。当地的老百姓称这段护城河为"包河"，又因为这项规定，便流传出"河藕能吃不能卖，包拯铁面藕无丝（私）"的说法。说来也真是奇怪，包河的藕果然无丝。直到今天，合肥人依然要在中秋节食包河藕，还要加上冰糖，取"冰心无私"之意。

中秋，除了与藕相伴，还要与菱角相遇。

八月中秋起菱角，最佳品种是红菱。菱角又称水中落花生。每到中秋节，给小孩子吃菱角，更寄托着大人们希望他们聪明

全藕宴

采菱角

伶俐的祝福。

　　秋风乍起,菱角河塘阵阵飘香,想要采菱角,先要有一个大木盆。这口木盆是用来采菱角的,双脚踩在木盆子里,双手扶着木盆两边保持平衡,然后蹲下就可以了。菱角是南方盛产的水生植物,中秋节前后是菱角生长的高峰期,若不及时采摘,菱角成熟后就会变硬,然后脱落沉入水底,所以中秋节也是采菱人最忙的时节。

安徽人认为，菱角来自月宫，所以每逢中秋，要用一只藕、六只菱角祭月，祈祷人间团圆。在过去，人们还会用菱角壳做成一种玩具——菱角车，给小孩子玩。首先将煮熟的菱角用挖耳勺挖去里面的果肉，把顶和底部都插穿，在中间钻一个小孔，然后用一只冰棍棒，在其中间也钻一个孔，插上一根竹签，再在竹签上套一根塑料管子，把线从菱角中间的小孔穿至顶部，最后绑在竹签上，一拉一松，菱角车就做好了。

荷塘挖藕，轻舟采菱，只为一家人中秋尝鲜的欢聚时光。

秋高鸭肥好吃鸭

中秋一大早就去菜市场挑一只老鸭，回家炖一锅降燥的老鸭汤吧。老鸭怎么挑？精通的鸭贩告诉你：毛色长得齐全，嘴壳、脚掌较硬，而且发黄发黑，准没错。砂锅已经温热，一整只老鸭丢进去，再加入笋干、葱白段、切片老火腿、老姜片，最后倒入黄酒，大火烧开，再盖上砂锅盖儿，文火慢炖4小时以上。其间，鸭子肥熟的香味不断溢出，填满屋子。更美味的，莫不过再加几块老坛酸萝卜。这汤就着米饭，可以连下几大碗。

秋季当真是鸭子肥美的时节。都说秋高鸭肥，此时的鸭子肉质肥嫩、营养丰富，鸭肉又属凉性，秋食可防秋燥，因此，很多鸭子躲过了暑热，却躲不过中秋，这大概就是一只鸭子的宿命吧！

中秋吃鸭，首推南京。民国文人张通之编写了一本《白门食谱》，囊括了南京城的传统美食，其中，关于鸭子是这样说的："金陵八月时期，盐水鸭最着（著）名，人人以为肉内有桂花香也。"八月桂花遍地香，江南人的鸭子都这么文艺。盐水鸭中，以桂花鸭最为著名。一则，中秋前后，桂花盛开，连鸭肉也不免沾染上桂花的香气；二则，人们收集桂花，便用来熬桂花鸭汤，桂花盐水鸭的美誉，实至名归。

南京人吃鸭子之俗由来已久。先秦时期，《吴地记》就有记载："吴王筑城，城以养鸭，周数百里。"至少在明朝初年，盐水鸭已经享有盛名。明代有首民谣："古书院，琉璃截，玄色缎子，盐水鸭"。可见盐水鸭已经和当时最大的"国立大学"——南京国子监，以及大报恩寺、南京城著名特产玄色锦缎并立了。时至今日，盐水鸭依然是南京人中秋佳节走亲访友的伴手礼。

北京人爱吃烤鸭，其实这烤鸭和南京城也有渊源。很久以前，烤鸭还不叫"烤鸭"，而是叫作"炙鸭子"或者"烧鸭"。到了明代，有一个拥有强大号召力的人成为烤鸭的忠实粉丝，他就是明太祖朱元璋。朱元璋嗜烤鸭，据说已经达到了"日食烤鸭一只"的地步。御厨们为了讨好皇帝，除了选用肥厚多肉的上好南京湖鸭外，还发明了多种烤鸭方式，比如，用炭火烘

北京烤鸭

烤，可得皮酥肉香，这便为日后的焖炉烤鸭和挂炉烤鸭打下了基础。朱棣"搬家"到了北京之后，烤鸭也跟着来到了北京城。这种原产于南京的烤鸭子，也非常适应北京的水土，不仅受到历代皇帝的喜爱，更是流传到民间，成为北京中秋节的"团宠"。最有名的烤鸭店"全聚德""便宜坊"就是在明朝年间开业的，分别以挂炉烤鸭和焖炉烤鸭著称，成为京城烤鸭两大流派。到了清代，每逢中秋，皇宫里除了要准备桂花月饼，还有备的一道菜，就是烤鸭。

民国时，北平烤鸭闻名中外。文学大家梁实秋在《雅舍谈吃》中说："在北平不叫烤鸭，叫烧鸭，或烧鸭子，在口语中加一子字。"梁实秋说看北平的烤鸭地道不地道，关键在于有无一碗滴出来的油。"有人到北平吃烤鸭，归来盛道其美，我问他好在哪里，他说：'有皮，有肉，没有油。'我告诉他：'你还没有吃过北平烤鸭。'"

现烤、现片、现吃是北京烤鸭的精髓。一片荷叶饼，几片蘸了甜面酱的鸭肉，再卷上黄瓜条和葱丝一同裹起来。如今，中秋吃烤鸭，已成为众多饕客的心头好。

至于四川人的烟熏鸭子、福建人的槟榔芋烧鸭，还有上海人的葫芦八宝鸭，各个都大有来头。

作为一道中秋美馔，无论是烹煮还是煎烤，以何种方式、何种风味呈现其实并不重要，需要做的仅仅是：回家，和家人一起分享。哪怕是一碗最朴实的鸭汤，也有浓郁的家乡记忆。

两广人家吃田螺

都说桂林山水甲天下,阳朔山水甲桂林。中秋,往阳朔的山水里去,天高云淡,林深鸟鸣,流水潺潺,沁人心脾。经过漫长苦夏的煎熬,秋天的阳朔正合心意。

合乎心意的,不只是眼前的山水、身心的逍遥,还有中秋端上桌的时令美物。其中有一道叫"田螺酿"。春夏时节,田螺怀有幼仔,并不适合捕捉食用,而中秋一到,过了产仔期,田螺正是肥美时。小孩子们喜欢下田埂去捉田螺,姑娘家也喜欢化身"田螺姑娘",到溪流河沟间去摸田螺。中秋节,阳朔的田螺长大了,有的竟有乒乓球般大小,正所谓"螺蛳壳里做道场",不妨也做一道菜。

有人迷恋桂林的米粉,有人流连阳朔西街的酒吧,更有人醉心于路边摊上那口"一嘬而就"的田螺酿。螺肉要先挖出,和猪肉、鱼肉馅一起剁成酱,加点淀粉,放回螺壳中,这一步,就叫作"酿"。而后,大火爆炒蒜蓉姜末辣椒豆豉,爆香之后,下田螺酿一通猛炒,再加入清汤焖熟。这火爆的味道,和清新的阳朔山水形成鲜明的对比,堪称"阳朔十八酿"中的一绝。

中秋吃螺肉,不仅顺应"天时",更牵出一桩传说故事来。很久以前,有一个穷秀才,过中秋节的时候,因为没钱买肉,便去田埂摸了些田螺回来煮食。他一边赏月,一边嘬着螺肉,堪称当时中秋宴的一股清流。后来,秀才中举,当地人附庸其风雅,便流行起中秋吃螺肉的风俗。

这个秀才是何许人士,传说中并没有详说,但依照中秋食螺的风俗习惯来看,应该是两广人士。和广西田挨田、土连土的广东人也爱嘬螺蛳。早在清代咸丰年间,就有《顺德县志》记录曰:"八月望日,尚芋食螺。"意思是说,八月十五日,吃完芋头吃螺蛳。广东人还为中秋夜吃螺蛳想出了不少名堂:比如,要在月光之下嘬田螺,这是因为田螺壳从头到尾都嘬通了。而田螺盖又与眼睛相似,便有吃了田螺,眼睛明如秋月的说法。秋天的田螺最是肥美,吃过田螺,便寓意生活美好,欣欣向荣。再因为田螺有壳,剥壳吮肉,又有"食心(新)转运"之意,可去邪气,晦气;"螺"字又与"罗"字同音,田螺,又

田螺酿

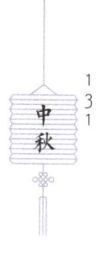

月下嘬田螺

有"向田罗食"的意思,于是又有了吃田螺,得丰收的美好寓意。

当广西人遇上中秋,便把螺蛳和月饼玩出一番新的花样,一款口味特别的月饼横空出世——"螺蛳粉月饼"。螺蛳粉,是广西的特色小吃之一。传统的螺蛳粉里竟然没有真正的螺蛳肉,但它的灵魂汤料却是正经熬制的螺蛳汤。闻起来味道"一言难尽",吃起来却格外香,近几年,它从广西迅速火出圈,成为年轻人的心头好。

比螺蛳粉更让人意想不到的,是螺蛳粉月饼。这款月饼里,添加了酸笋、酸豆角、螺肉等馅料,味道怎么样呢?尝过的人都说,"有股嘬粉的酸爽劲儿!"

"中秋佳节近如何,饼饵家家馈赠多;拜罢嫦娥斟月下,芋头啖过又香螺。"时至今日,老广人家的中秋宴席上依然少不了一道炒田螺。无论是从街边小店买回来,还是大酒楼的大师傅们烹制,或者干脆自己动手,做出专属于自家中秋的田螺味道。中秋良夜,月光如许,家人闲坐,灯火可亲。那熟悉的地方,那熟悉的"嘬"的动作,那熟悉的味道,足够你品评良久。举头中秋月,低头家常味,最朴实的生活里,有最温暖的记忆。

吃芋头，有"余头"

江南的中秋，除了阳澄湖的大闸蟹可以期待，芋头也是值得憧憬一下的。明代李时珍在《本草纲目》中写道："芋艿，别名：蹲鸱。史记，卓文君云；岷山之下，野有蹲鸱，至死不饿。"又说，吃芋头有"宽肠胃，充肌肤，疗烦热，破宿血，和鱼煮食甚下气，调中补虚"。在我国江浙地区，"芋艿"谐音"运来"，人们相信，中秋吃芋艿，可以辟邪消灾，化解厄运，迎来好运。实际上，按照李时珍的说法，芋艿"调中补虚"，能够提高免疫力，增强体质，也就是达到了"驱邪消灾"的作用了。

中秋吃芋头，也有一桩故事。相传，西汉末年，刘秀起兵，有一次被王莽重兵包围在山上。几天后，弹尽粮绝，官兵各个饥饿难耐。偏偏此时，王莽又命军队发起火攻，熊熊大火顿时在山头腾起。眼看着刘秀的军队就要遭到灭顶之灾，突然天空下起暴雨，山火瞬间被浇灭。雨过之后，泥土中散发出阵阵香味，众人拨开草木灰一看，竟然是已经被山火烤熟的芋头。大家吃着香喷喷的芋头，士气大振，一鼓作气，杀出重围。那一

芋头

日，正好是农历八月十五。为了庆祝这场胜利，往后每年的八月十五，军队都要吃芋头宴，沿袭成俗。

潮汕人家也吃芋头，不过，在潮汕当地却有另外一则故事。明朝年间，倭寇侵犯东南沿海，戚继光奉旨抗击倭寇。中秋夜，倭寇偷袭戚家军，将士们被困在山上，粮草断绝，无奈之下，只得以野草充饥，却意外挖到不少野芋。将士们不识芋头，不知如何称呼，戚继光是说："为了纪念遇难的将士，就叫遇难吧！"戚家军也和刘秀的部队一样，吃过"遇难"后神勇无比，大获全胜。东南沿海的百姓为了纪念这场中秋大捷，此后每年的中秋节都要吃"遇难"，叫着叫着，"遇难"被叫成了"芋艿"，也就是现在的名字了。到了清代，《潮州府志》记载："中秋玩月，剥芋头食之，谓之剥鬼皮。"鬼皮既然剥掉了，自然就惩恶消灾，平安大吉了。"河溪对嘴，芋仔食到。"芋头先要祭过祖先，才能进到肚皮，这是习俗，更是规矩。

过去，中秋节对于北方人而言意义重大，因为这个时节，稻黍收获。再加上八月十五正好是土地神的生辰，为了表达对土地神的感激、敬畏，这一日要隆重地祭祀一番，祭祀之物中就有芋头。因为芋头谐音"余头"，人们希望借这个好彩头，祈祷日子富足，年年有余。

吃芋头，有余头；吃芋艿，好运来。中国人的一食一饭，都有故事，都有讲究。于是，生活才有了期盼，节日才有了兴味。

第四章 中秋节的诗情画意

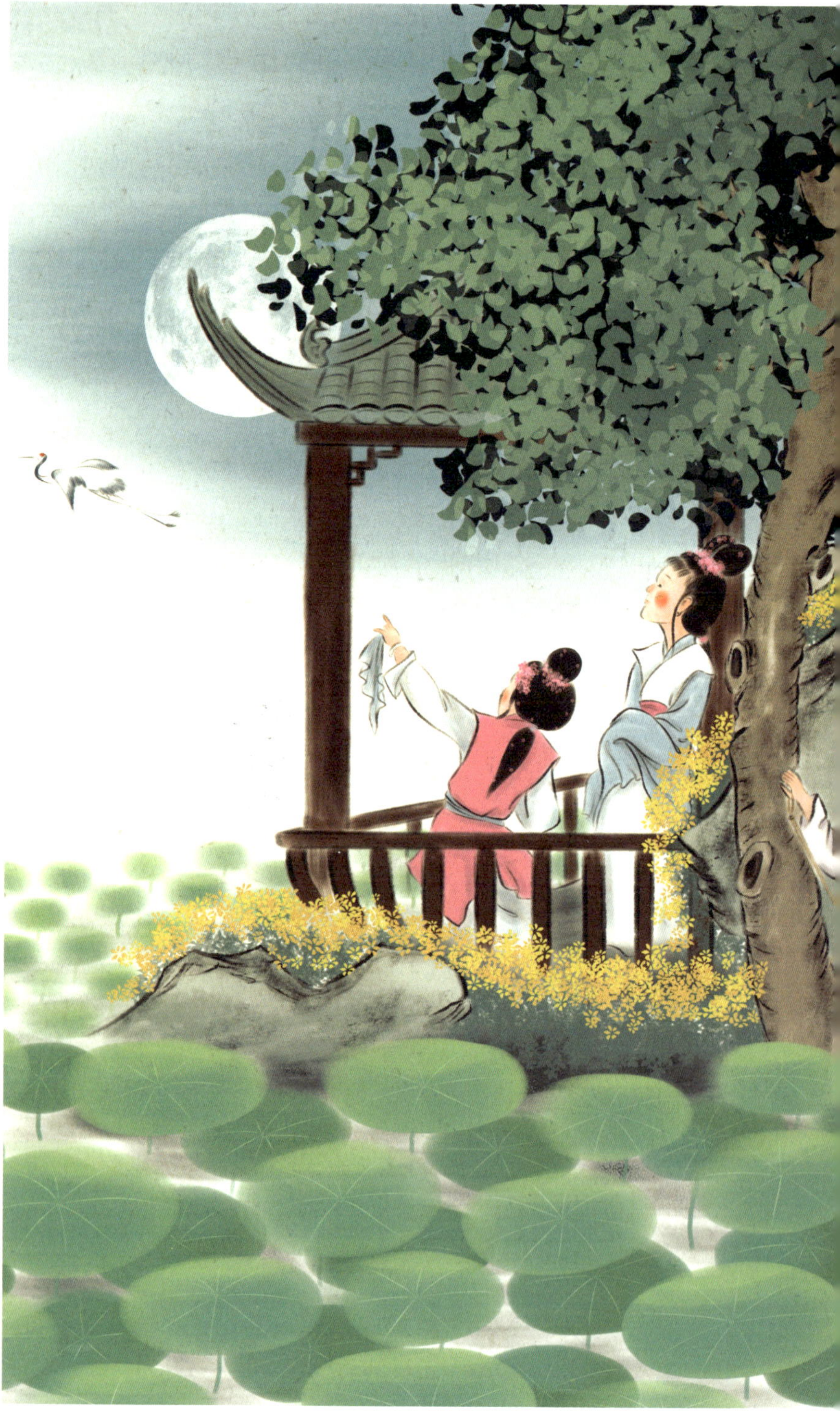

在所有传统节日里，中秋节无疑是最具诗情画意的。无论是吟咏明月的诗词歌赋，还是以月入画的水墨丹青，都不乏流传千年的佳作上品。

夜深人静，皓月当空，诗人或品茗，或独酌，斯情斯景，睹物思人，难免万千感慨系于一怀，愁肠百转，千言万语，于是就有了流传至今的名篇佳句。这些以中秋为背景，以明月为主题的诗词、画作、名篇背后，无一例外，都有一个牵动人心的故事。

每个节日都有其人文底蕴，也该有其人文价值。今天的中秋，我们不应该仅仅是谈论月饼的款式，或惊愕于月饼的价格，也不应该只是在酒店、餐馆预订一桌团圆宴走个形式。传统佳节不应该在时间的流逝中渐渐被"物化"，更应该被看重的，是中秋节的人文意义，及其带给我们的精神滋养。

诗词里的中秋

"明月几时有？把酒问青天。不知天上宫阙，今夕是何年……人有悲欢离合，月有阴晴圆缺，此事古难全。但愿人长久，千里共婵娟。"有多少人曾误以为苏东坡这首词是在谈情说爱？

宋神宗熙宁九年（1076年），39岁的苏东坡在密州（今山东诸城）任太守，弟弟苏辙远在河南。这一日刚好是丙辰年的中秋，苏东坡自斟自饮，酒不醉人人自醉。虽然醉了，苏东坡心里却是清醒的。"明月几时有？把酒问青天"，豪放姿态是必须有的；"我欲乘风归去，又恐琼楼玉宇，高处不胜寒。"想上天去当一回神仙，又担心广寒宫里凄凉，无福消受；罢了罢了，不如"起舞弄清影，何似在人间"。

苏东坡不是李白，天天都是"仙起的人生"，他还是接地气得多。月亮渐渐西沉，也许酒意使然，也许困于思念，苏东坡辗转难眠。"不应有恨，何事长向别时圆？"话锋一转，从把酒问月自然而然地过渡到睹物思人。"人有悲欢离合，月有阴晴圆

把酒问青天

缺,此事古难全。"既然月亮也无法逃避阴晴圆缺,那么人间的悲欢离合也就在所难免。如此一想,也就不那么纠结了。"但愿人长久,千里共婵娟。"只要大家各自安好,在哪儿不都一样吗?

宋代以来,中秋节被赋予了亲人团聚、享受亲情的节日寓意。时至今日,"但愿人长久,千里共婵娟"依然是中秋节最美好的祝福。"人月两圆"乃人生理想境界。

歌咏朗月,中秋唱和,并非宋代才开始出现的。自唐起,八月十五赏月诗已经大量涌现,中秋节在唐代还不是一个正式的节日,但其核心节俗已经由过去的皇家祭祀开始转变为皇族贵戚、文人雅士的玩月、赏月活动,而这些文人士大夫又多远离家乡,甚至戍守边境。因此,很多赏月诗的闲逸中倾注了怀念家乡、怀念亲人、期盼团圆的思想感情。

同样是写月亮,苏东坡接地气,李白仙气重。李白一生钟情月,"小时不识月,呼作白玉盘",这是他年幼时的记忆;远离故乡时,"举头望明月,低头思故乡";兴致来时,沉浸在自己给自己营造的"花间一壶酒,对影成三人"的境界中;在离开蜀中赴长江中下游的舟行途中,写下"峨眉山月半轮秋,影入平羌江水流"……细细读来,每一首都可以和中秋月对号入座,每一首却都没有指明是中秋所作。这似乎正好印证了唐朝前期和中期,中秋节还没有真正流行起来的社会背景。后人研究分析,最像中秋夜写的诗"举头望明月,低头思故乡"虽然也是作于秋季,却已经是晚秋了。尽管如此,后人每每过中秋,总喜欢把这两句翻出来反复吟咏,因为它实在太符合中秋的心境了。

说到中秋诗词,还有两句绕不开,这就是唐代名相张九龄的名句"海上生明月,天涯共此时"。这首诗是张九龄遭奸臣排挤,贬谪荆州时所写。有人说,这是诗人在中秋之夜怀念亲人之作。月夜最宜思念，所以总不能寐。灭掉烛光，披衣步出门庭，去看那皎洁的明月，守候清冷的月光洒满地，直到夜深人静，不知不觉露水沾湿了衣裳，思念却愈发凝重。诗歌最后一句，"不堪盈手赠，还寝梦佳期"，除了满手的月光，还有什么可以相赠呢？自然是深情绵邈，又气韵纯厚，不见哀叹，不见感伤，却字字流露出情那么重，夜那么长，月那么美。

中秋夜，适合思念亲人，也适合思念朋友。唐代诗人王建就写了一首《十五夜望月寄杜郎中》："中庭地白树栖鸦，冷露无声湿桂花。今夜月明人尽望，不知秋思落谁家？"诗人想念的故人，是他的朋友杜元颖，也就是杜郎中。全诗最妙不过一个"落"字。这思念像是飘落下来的一般，落在谁那里，谁就生出许多思念来。其实，真正落下来的是月光洒落的清辉，落在谁家门前，谁就会滋生相思之情。这个王建，还是一个玩月高手。他在《和元郎中从八月十二至十五夜玩月五首》中记录了自己"仰头五夜风中立，从未圆时直到圆"的痴立玩月的过程。

也有人玩月玩出了高深莫测之感，另辟蹊径，比如大诗人白居易就去了华阳观，"人道秋中明月好，欲邀同赏意如何？华阳洞里秋坛上，今夜清光此处多"（《华阳观中八月十五日夜招友玩月》）。而刘禹锡笔下的中秋，因为纯粹而格外动人："天将今夜月，一遍洗寰瀛。暑退九霄净，秋澄万景清。"（《八月十五日夜玩月》）

唐人写月，既雅致也豪放，宋人赏月则平添了不少细腻的

海上生明月

感伤。豁达如苏轼,懂得用"人有悲欢离合,月有阴晴圆缺"来排解愁绪,但也难免发出"此生此夜不长好,明月明年何处看"的感叹。直到北宋灭亡,南宋朝廷偏居一隅,文人更是多了一丝隐忧和哀婉。爱国词人辛弃疾在《太常引·建康中秋夜为吕叔潜赋》中感叹:"一轮秋影转金波,飞镜又重磨。把酒问姮娥:被白发,欺人奈何?乘风好去,长空万里,直下看山河。斫去

桂婆娑，人道是，清光更多。"他说，中秋月洒下金波，好像刚磨亮的铜镜飞上夜空。我举杯问嫦娥：白头发越来越多，如何是好？欺负我拿它没有办法。我要乘风飞上万里高空，俯瞰大好山河。还要将月宫中那棵桂花树砍掉。因为前人说过，这样月光便会洒落到人间更多。辛弃疾说的前人，指的是写下"斫却月中桂，清光应更多"（《一百五日夜对月》）的杜甫。辛弃疾在此化用，其实想表达的是铲除投降派的阻碍，才能取得抗金和收复中原事业的胜利。

家国情怀，千般情绪，恰如其分地融入宋代文人中秋词中。直到今天读来，那份厚重的爱国情怀仍呼之欲出。作为中华民族重要的传统节日之一，中秋节既承载了华夏儿女的血脉亲情，亦融合了民族团结、国家统一的恳切愿望。今时今日，家国情怀，更应该成为中秋佳节最美的一抹底色。

画里的中秋

以月之名,中秋成为诗人最爱的题材之一,同样,中秋也是古今画家们热衷表现的主题之一。

一轮满月,嫦娥仙子,玉兔捣药,桂树桂花以及对月、拜月、团圆、折桂等场景,都是中秋画作里常见的元素。通过这些意象所象征的内涵和表现当时生活场景的画面,我们有机会更多更深入地了解中秋,传承美好的传统文化。

李嵩《月夜看潮图》

提到中秋观钱塘潮的盛况,有一幅古画一定要看,这就是南宋名家李嵩的《月夜看潮图》。这幅纵 22.3 厘米,横 22 厘米的作品现藏于台北故宫博物院,描绘的是南宋时临安(今浙江杭州)中秋夜观海潮的情形。

当卷轴展开,并没有想象中钱塘大潮来临时的汹涌澎湃,人声鼎沸。一轮明月之下,钱塘潮水自远方翻滚而来,而江畔

南宋·李嵩《月夜看潮图》

的楼阁之上，则是一副"淡定的表情"，没有振臂高呼，没有激情喧闹，路上亦没有车水马龙，摩肩接踵，反而是淡雅笔墨勾勒出远山、江帆，月影银涛。月静万物幽，自然没有白日那般喧闹，那江潮便显得更有排山倒海的气势，屏息凝神，放大一点看，似乎快要听到那几个观者的心跳声。再细看楼阁上下，内侧的门都关闭得严严实实，而观潮的人，很少有凭栏眺望的，多是站在回廊上或者坐在平台上等待。虽然表面淡定，但大家都知道，钱塘大潮名不虚传，来时风大浪高，说时迟，那时快，一个浪头打到眼前，令人心惊胆战。

作此画的李嵩，是南宋著名画家，钱塘（今浙江杭州）人。少时曾为木工，后成为画院画家李从训的养子，绘画上得其亲授，擅长人物、道释，尤精于界画，为画院待诏，时人尊之为"三朝老画师"。正因为这样的身份，李嵩得以站在整个画面的制高点，不但可以俯视整个建筑群，更可以看清江水的奔涌，所以这幅作品，是画家以皇家视觉，以南宋院体风格创作的佳作。

马远《月下把杯图》

"相逢幸遇佳时节，月下花前且把杯。"

天津市博物馆藏有一幅南宋马远册页，此图设色绢本，纵25.7厘米，横28厘米。画中虽未具款印，但经鉴定，定为南宋马远真迹。

马远，南宋著名画家，深得朝廷器重。与李唐、刘松年、夏圭并称"南宋四家"，又与夏圭齐名，时尊"马夏"。《月下把杯图》是马远的传世精品。正是中秋之夜，友人远道而来，主人披着一袭月色在庭院中守候，见到好友时握手寒暄，似有说不完的话，如那绵延倾洒的月光。而眼下，外物显得多余。所以，素简的画面上以高悬的圆月交代时间，又以空旷的山林作背景，显得中秋夜更为幽静；庭中种竹，主人自是品性高洁之士，体

南宋·马远《月下把杯图》

态轻盈，举止亦是文雅，手把杯盏迎客来。其旁的四童仆也是吸睛，一人侍立，一人侍果，一人侍酒，另有一侍琴文童半隐于台阶之下。画面的右下角，早已备好了鲜果和酒菜，只待主人与宾客把酒言欢，品月共宴，可叙旧，可八卦，可以调素琴，可以阅金经。月光温柔，良辰美酒，其乐融融，人文情愫跃然纸上，现代人追求的诗意生活不就是这个样子吗？

画面右上方，是宋宁宗杨皇后题诗"相逢幸遇佳时节，月下花前且把杯"，其后亦有杨皇后诗句"人能无著便无愁，万境相侵一笑休。岂但中秋堪宴赏，凉天佳月即中秋"。诗情画意，平淡自然，那份豁达，那份恬淡，是置身秋天的人该有的心境和姿态。

中秋画中的嫦娥、吴刚、玉兔与桂树

在古人心中，月亮上面有广寒宫，广寒宫里住着嫦娥，她有一只宠物玉兔。玉兔拿着玉杵，跪地捣药，据说服用此等药丸可以长生不老。月宫中还有一棵桂花树，一个名叫吴刚的男人在不停地砍伐它。在现代人看来，他们的生活实在是过于清冷外加可怜，可是在古人看来，他们都被赋予了神奇的力量，至少，都是长生不老的化身。

从上弦月到满月再到下弦月，一月之中，自有其盈亏，在古人看来，也是一种"死而复生"的体现。所以，月亮本身也被古人认为是"不死"的传说。在祈求长生不老的心理作用下，有了拜月、祭月之俗，一些代表着祈愿长生的主题画也涌现出来。如明代唐寅的《嫦娥执桂图》、张路的《月殿嫦娥图》、陶成的《蟾宫玉兔图》，清代蒋溥的《月中桂兔图》、高其佩的《蟾宫折桂图》、冷枚的《梧桐双兔图》等，都是中秋佳作。唐寅笔下的嫦娥仙子手执桂花，迎风而立，裙带飘零，面如清冷月色，典雅端庄。

嫦娥也好，玉兔也罢，又或是吴刚，都成了中秋画作中的常见创作题材，在生产力水平低下，医疗卫生乃至生育繁衍条件都十分有限的中国古代，这是人们渴望健康长寿的真实写照。

高其佩绘制的《蟾宫折桂图》则有另外一番寓意。画中，嫦娥手捧蟾蜍、玉兔递交桂枝。据说，西晋时，郤诜被举为贤良，对策乃第一名。晋武帝让他做一个自我评价，他说："我就像月宫里的一段桂枝，昆仑山上的一块宝玉。"于是，世人便用蟾宫桂枝借指出众的人才。随着唐代科举制度的盛行，蟾宫折桂成为考中进士的喻指。

近现代，随着科学认知的提高和进步，月亮以及守

现代·齐白石《丹桂双兔图》

护月宫的嫦娥、吴刚和玉兔，不再是长寿的代名词，但却作为一种中秋意象，早已根植人心。齐白石老人也喜欢玉兔，曾作《丹桂双兔图》，以兔子及中秋时节的桂花来表现中秋时节的特色，营造出中秋的氛围和雅趣。

名家写中秋

中秋节不仅诗情画意浓厚,也是历代文学大家喜欢表现和描写的节日生活场景。《红楼梦》里就写了3次大观园过中秋,既豪奢至极,又凄美至极,喻示着大观园和贾府如同中秋之月,满则损,盈则亏。

当代大家也不乏记述中秋的文字,无论是老舍、丰子恺,还是季羡林,千言万语汇成一句话:月是故乡明。

大观园里过中秋

大观园的哥儿啊姐儿啊的是最喜欢过节的,总要借着过节的由头闹腾一番。《红楼梦》中,总共写了3次过中秋,从最后一次可以一窥大家族过中秋的名堂。

这一次过中秋是在全书的第七十五、七十六回,虽然是大观园过中秋,奢华无比,民间的节俗也是要遵照的,比如,也要有西瓜和月饼。"次日起来,就有人回西瓜月饼都全了,只待分派送人。贾珍吩咐佩凤道：'你请你奶奶看着送罢，我还有别的事呢！'佩凤答应去了，回了尤氏。尤氏只得一一分派遣人送去。"

中秋夜，园子内正门大开，羊角大灯高悬。"嘉荫堂前月台上，焚着斗香，秉着风烛，陈献着瓜饼及各色果品。邢夫人等一干女客皆在里面久候。真是月明灯彩，人气香烟，晶艳氤氲，不可形状。地下铺着拜毯锦褥。贾母盥手上香拜毕，于是大家皆拜过。"这便是中秋夜的祭月之俗。主祭人是大家长贾母，一干女客皆要祭祀，贡品是瓜饼及各色果品。要跪拜在锦褥上，灯彩映照明月，盥手上香，一应礼数都十分要紧。

祭月之后便是赏月玩月，贾母最爱热闹，玩得也很高级，她说："赏月在山上最好。"一干人连忙打理，跟随她去凸碧山庄赏月。这里的陈设显然也是提前布置装点过的，"凡桌椅形式皆是圆的，特取团圆之意"。正应中秋深意。先前祭月的时候不见男宾，这会儿赏月倒是都齐了，"上面居中贾母坐下，左垂首贾赦、贾珍、贾琏、贾蓉，右垂首贾政、宝玉、贾环、贾兰，团团围坐"。人都坐定后，贾母叫人玩起击鼓传花，活跃气氛，还是贾母最擅长。这花也很讲究的，用的是中秋节令花——桂花。若花到谁手中，饮酒一杯，罚说笑话一个。一轮过后，花传到宝玉手上，宝玉央求不讲笑话，便令他作诗一首。诗作出来了，贾政虽不甚满意，但碍于贾母的面子，又因是过节，遂赐了两把扇子。

中秋

155

"贾母因见月至天中,比先越发精彩可爱,因说:'如此好月,不可不闻笛。'因命人将十番上女孩子传来。"所谓"十番",是当时江南地区流行的民乐。贾母又说:"音乐多了,反失雅致,只用吹笛的远远的吹起来就够了。"可见,清雅之音,最是相得益彰。

有人月下酒醉,有人倚栏垂泪,黛玉因"见贾府中许多人赏月,贾母犹叹人少,不似当年热闹,又提宝钗姊妹家去,母女弟兄自去赏月等语,不觉对景感怀"。幸有史湘云宽慰她:"你是个明白人,何必作此形像自苦。我也和你一样,我就不似你这样心窄。何况你又多病,还不自己保养。"

月色正清冷,金风送爽,玉露生凉,二人睡意全无,对起诗来。"三五中秋夕""清游拟上元""药经灵兔捣""人向广寒奔""盈虚轮莫定""晦朔魄空存",最后以"寒塘渡鹤影,冷月葬花魂"一联为这一场红楼幽梦定下了凄婉的基调,尤其令人印象深刻。借月隐说人事,诗意的生活难终篇。中秋佳节本是团圆美好、充满希望的,作者巧妙地将大家族"气数将尽"的隐忧埋藏在中秋赏月的篇章中,正是"水满则溢,月满则亏",花好月圆的美好氛围之下,凄冷的笛音已经吹响了……

老舍:北平中秋,人间天堂

《四世同堂》里,老舍先生花了不少的笔墨写北平的中秋。

北平的中秋

"中秋前后是北平最美丽的时候。天气正好不冷不热,昼夜的长短也划分得平均。没有冬季从蒙古吹来的黄风,也没有伏天里挟着冰雹的暴雨。天是那么高,那么蓝,那么亮,好像是含着笑告诉北平的人们:在这些天里,大自然是不会给你们什么威胁与损害的。西山北山的蓝色都加深了一些,每天傍晚还披上各色的霞帔。"

中秋是丰收的时节,若是年岁太平安定,街上的高摊和地摊东西是不会少的。"各种各样的葡萄,各种各样的梨,各种各样的苹果,已经叫人够看够闻够吃的了,偏偏又加上那些又好看好闻好吃的北平特有的葫芦形的大枣,清香甜脆的小白梨,像花红那样大的白海棠,还有只供闻香儿的海棠木瓜,与通体有金星的香槟子,再配上为拜月用的、贴着金纸条的枕形西瓜,与黄的红的鸡冠花,可就使人顾不得只去享口福,而是已经辨不清哪一种香味更好闻,哪一种颜色更好看,微微的有些醉意了!"光是看看文字,就已经让人眼花缭乱。

北平人很是热爱生活,只要出摊,水果必须摆得好看。"果皮上的白霜一点也没蹭掉,而都被摆成放着香气的立体的图案画,使人感到那些果贩都是些艺术家,他们会使美的东西更美一些。"

好的生活是好的心境给予的,你给生活一个笑脸,生活自然会回馈你一个笑脸。摊贩们不仅是"视觉达人",也是唱作者,他们用清脆的嗓音唱着"果赞":"唉——一毛钱儿来耶,你就挑一堆我的小白梨儿,皮儿又嫩,水儿又甜,没有一个虫眼儿,我的小嫩白梨儿耶!"这样的带货水平放到现下来看,您给打几分?

北平人的体面生活在中秋也体现得淋漓尽致。比如,中秋时节,高粱红的河蟹上市,用席篓装着,沿街叫卖。"而会享受的人们会到正阳楼去用小小的木槌,轻轻敲裂那毛茸茸的蟹脚。"现在的人穿越回百年前,说道起吃蟹的枝末细节,不一定比得过老北平人。

北平人过中秋,怎会少得了兔儿爷呢?老舍先生说这些兔儿爷"有大有小,都一样的漂亮工细,有的骑着老虎,有的坐着莲花,有的肩着剃头挑儿,有的背着鲜红的小木柜",倒是和

我们现在看到的不大一样了。兔儿爷既是中秋祭月的祭物,也是孩子们的玩具,"这雕塑的小品给千千万万的儿童心中种下美的种子"。

有吃有喝有得玩,还要出游和走亲访友。远游是不必的,家门口就有菊展。公园里的菊花是从丰台一挑一挑地运来的,叶齐苞大,"北平的菊种之多,式样之奇,足以甲天下"。青年学生则更喜欢去北海划船,这个时节,荷花已残,摇橹而过,还是会沾染上荷香。至于走亲访友,伴手礼当然首选月饼和佳酿。"就是那不卖礼品的铺户也要凑个热闹,挂起秋节大减价的绸条,迎接北平之秋。"

说到底,北平中秋之美,美在生活气息浓。老舍先生说:"北平之秋就是人间的天堂,也许比天堂更繁荣一点呢!"

丰子恺的中秋:原来做了一个梦

"一片片的落英,都含蓄着人间的情味。"这是俞平伯说丰子恺的话。看丰子恺先生的画,总能感受到一股浓浓的温情,他的画中,温柔的悲悯心点到即止,生活情趣却是溢得满屏。

丰子恺画过无数的中秋,也写过中秋。有一篇极其好玩,是关于他在上海过中秋时做的一个奇特的梦。"记得有一年,我在上海过中秋。晚饭后,皓月当空。我同几个朋友到马路上去散步,看见了上海中秋之夜的形形色色,然后回家。我将就睡

仿丰子恺《中秋之夜》

的时候，忽然有一个人推门进来。他送我一副眼镜，就出去了。我戴上这副眼镜，一看，就像照着一种 X 光，眼前一切窗门板壁，都变成透明，同玻璃一样，邻家的人的情状我都看见了。我高兴得很，就戴了这副眼镜，再到马路上去跑。这回所见，

与前大异；一切墙壁，地板，都没有了；但见各种各样的人各自过着各种各样的生活。可惊，可叹，可怜，可恨，可耻，可鄙……也有可歌，可羡，可敬的。我跑遍了上海的马路，所见太多，兴奋之极，倒在马路旁边睡着了。醒来的时候，却是身在床中。原来是做一个梦。"丰子恺在梦中，凭借一副眼镜，看到了世间百态，看到了各种各样的生活，颇有些未来感。看似戏谑的一篇短文，实则回味深长。

这篇短文虽然名为《上海中秋之夜》，偏偏对中秋什么也没说，倒是另外一篇短文中，记述了中秋吃蟹的故事。丰子恺说，父亲中秋赏月吃蟹，是不能忘却的事。吃蟹在七夕就开始了，七月半、中秋节、重阳节，秋天的重要日子都要吃蟹，但"尤其是中秋一天，兴致更浓"。因为父亲嗜蟹，所以丰子恺家的中秋家宴也是围绕着吃蟹展开的。

"在深黄昏，移桌子到隔壁的白场上的月光下面去吃。更深人静，明月底下只有我们一家的人，恰好围成一桌，此外只有一个供差使的红英坐在旁边。谈笑，看月，他们——父亲和诸姊——直到月落时光，我则半途睡去，与父亲和诸姊不分而散。"吃蟹兼带赏月，要多文雅就有多文雅。

"我们都学父亲，剥得很精细，剥出来的肉不是立刻吃的，都积受在蟹斗里，剥完之后，放一点姜醋，拌一拌，就作为下饭的菜，此外没有别的菜了。"丰子恺回忆到，父亲吃蟹就单单吃蟹，绝不混其他菜，因为父亲说蟹是至味。混吃了别的菜肴是乏味的。孩子们也学着父亲吃蟹的样子，一条蟹腿肉要过两大口饭。在丰子恺父亲看来，人间至味唯螃蟹，有道是"不食螃蟹辜负腹"。

自父亲走后，丰子恺说自己再也不曾尝到这般好滋味。"唉！儿时欢乐，何等使我神往！"其实，螃蟹还是那样的味道，吃法也是小时候的吃法，只是，没有了父亲陪伴的中秋，总是少了许多。

这样淡淡的愁绪，在他的画作中也能看到。比如，《想得故园今夜月》就是一幅中秋漫画。画中，是几位身处异乡的文士相约江楼赏月品茗。月光温暖，抚摸着游人的心，大家倚窗观月，不免生出"月是故乡明"的感叹。所以，漫画的提掣用了"想得故园今夜月，几人相忆在江楼"。这寥寥数笔勾勒的乡愁，满含着人间的真情。

季羡林：月是故乡明

月是故乡明。在季羡林先生笔下，尤为如是。

"每个人都有个故乡，人人的故乡都有个月亮。人人都爱自己故乡的月亮。"

季羡林说，如果只是孤零零的月亮，未免有点孤单，所以陪衬月亮的，有山和水。小的时候，季羡林生活在山东西北部大平原上，从没见过山，无法想象苏东坡"月出于东山之上，

月是故乡明

徘徊于斗牛之间"。但是水却是常见的。"到了更晚的时候,我走到坑边,抬头看到晴空一轮明月,清光四溢,与水里的那个月亮相映成趣。我当时虽然还不懂什么叫诗兴,但也顾而乐之,心中油然有什么东西在萌动。"年少的生活记忆,组成了每个人都难忘的童年。

后来,季羡林辗转世界30个国家,看过许许多多的月亮。比如,"在风光旖旎的瑞士莱芒湖上,在平沙无垠的非洲大沙漠中,在碧波万顷的大海中,在巍峨雄奇的高山上,我都看到过月亮。这些月亮应该说都是美妙绝伦的，我都异常喜欢"。但是，照耀在心坎上的，始终是"故乡中那个苇坑上面和水中的那个小月亮"。季羡林亲昵的唤它"我的小月亮"，并且高调向它表白："我的小月亮，我永远忘不掉你！"

耄耋之年，季羡林守着一片茂林修竹雅居，有绿水、土山环绕，风光绝妙。"每逢望夜，一轮当空，月光闪耀于碧波之上，上下空，一碧数顷，而且荷香远溢，宿鸟幽鸣，真不能不说是赏月胜地。"那一袭荷塘月色，就在他的窗外。如斯良辰美景，反倒让季老先生更加怀念故乡的小月亮，害了思乡之病。他说这种相思，"说不上是苦是乐，其中有追忆，有惆怅，有留恋，有惋惜。流光如逝，时不再来。在微苦中实有甜美在"。

月是故乡分外明。